主 编◇许 纬 Reika
编 著◇新世界教育
　　　　樱花国际日语图书事业部

U0164936

高考日语基本功

高分范文150篇

一看就能用的写作范文

华东理工大学出版社
EAST CHINA UNIVERSITY OF SCIENCE AND TECHNOLOGY PRESS
·上海·

图书在版编目(CIP)数据

高考日语基本功：高分范文150篇 / 许纬，Reika主
编；新世界教育，樱花国际日语图书事业部编著. — 上
海：华东理工大学出版社，2022.4
　　ISBN 978-7-5628-6820-0

　　Ⅰ.①高… Ⅱ.①许… ②R… ③新… ④樱… Ⅲ.①
日语－词汇－高中－升学参考资料 Ⅳ.①G634.463

　　中国版本图书馆CIP数据核字(2022)第033505号

项目统筹 / 王一佼
责任编辑 / 金美玉
责任校对 / 石　曼
装帧设计 / 戚亮轩
出版发行 / 华东理工大学出版社有限公司
　　　　　　地址：上海市梅陇路130号，200237
　　　　　　电话：021-64250306
　　　　　　网址：www.ecustpress.cn
　　　　　　邮箱：zongbianban@ecustpress.cn
印　　刷 / 上海四维数字图文有限公司
开　　本 / 710mm×1000mm　1/16
印　　张 / 22
字　　数 / 455千字
版　　次 / 2022年4月第1版
印　　次 / 2022年4月第1次
定　　价 / 58.00元

编 委 会

主编：许　纬　Reika

编著：新世界教育

　　　樱花国际日语图书事业部

　　　刘学敏　钟　雁

本书基本结构与特点

本书基本结构	**Step1 高考日语作文简介**	1. 对2005—2021年这17年的高考日语作文真题进行了汇总，并对写作类型、出题次数进行了分析。
		2. 针对"书写错误""助词使用错误""时态错误""自他动词的使用错误""指示代词、人称代词使用错误"这些写作中容易犯的错误，通过大量举例来进行讲解。
		3. 介绍了实际写作时，除了写作基础知识以外的一些原则，如如何分配时间、如何审题等。
	Step2 高考日语写作训练150篇	1. 精选150道贴近高考出题倾向的写作题目。
		2. 按照写作难度，将150道写作题目分为"写作入门训练""写作提高训练""写作进阶训练""写作达人训练"4个单元。
		3. 每个题目都有"提纲导写"，包含每个段落的写作内容、实用词句和实用句型等，帮助考生构思与遣词造句。
	Step3 高考日语写作范文150篇	包含Step2的150道写作题目的范文。
附赠	范文翻译	包含Step3的150篇写作范文的翻译电子版。
	写作稿纸	提供练习用的写作稿纸，供下载使用。

前 言

近年来，选择日语作为高考外语科目的学生逐年增加。针对高考日语考生，樱花国际日语图书事业部于 2019 年推出了"高考日语宝书"系列，受到了读者的认可与好评。目前，很多学生日语学习起步晚，有不少人是高一甚至高二才开始学习日语的，为了帮助这部分学生提高日语水平，在高考中拿到理想的分数，樱花国际日语图书事业部推出了全新的高考日语系列丛书——"高考日语基本功"系列。该系列包含词汇、语法、阅读、听力、作文以及高分范文 150 篇六本书，为零基础或基础薄弱的学生编写，以夯实日语基础知识、练好日语基本功为目标，为考生取得理想成绩提供最有效、最强大的学习支持。

该系列丛书的编写是以《普通高中日语课程标准》（2020 年修订）为指导思想的，《普通高中日语课程标准》（2020 年修订）明确了高中日语学科的核心素养的水平划分，对语言能力、文化意识、思维品质和学习能力这四项素养提出了明确的目标和要求。

《高考日语基本功·高分范文 150 篇》以《普通高中日语课程标准》（2020 年修订）和《普通高等学校招生全国统一考试大纲及考试说明》为依据编写。编者基于对历年高考持久深入的研究，精选了 150 道贴近高考日语作文题的题目，按照写作难度分为四个单元。

【本书使用建议】

1. Step1 高考日语作文简介——写作常见错误与写作原则

对近 17 年的高考日语作文题目进行了汇总、分析，并精准概括了考生在写作过程中的五大常见错误和写作六大原则。

2. Step2 高考日语写作训练 150 篇——分梯度高考作文实练

精心编写了贴近高考出题倾向的 150 道作文题，从"写作入门训练"到"写作达人训练"，循序渐进，逐步提升写作技能。每个单元都包含了多种写作题材，每道作文题都提供详细的"提纲导写"，手把手教大家写出好作文。

3. Step3 高考日语写作范文 150 篇——丰富精彩的写作范文

这个部分提供 150 篇范文，供考生参考与学习。

　　考试总共分为听力、日语知识运用、阅读理解和写作四大部分。考试时间为 120 分钟，总分为 150 分。各部分的题量、做题时间等如下表所示。

	考试内容	构成	题量（题）	分值（分）	时间（分钟）
第一部分	听力	第一节	7	30	20
		第二节	8		
第二部分	日语知识运用		40	40	30
第三部分	阅读理解	4 篇文章	20	50	45
第四部分	写作		1	30	25
	总计		75+1	150	120

　　考试对各部分的考查目标如下表所示。

考试内容	考查目标
听力	要求听懂有关日常生活中熟悉的话题的简短对话和独白。
日语知识运用	要求能够适当运用基本的语法知识，掌握 2 000 个左右的词汇及相关词组。
阅读理解	要求读懂有关日常生活中熟悉的话题的简短文字材料。
写作	要求能够根据提示进行书面表达，准确使用词汇和语法清楚、连贯地表达自己的意思，书写、标点规范。

樱花国际日语图书事业部

2022 年 2 月

目 录

Step3　高考日语写作范文150篇

附赠：150 篇范文翻译·写作稿纸（获取方式请见封底）

Step 1
高考日语作文简介

Unit 1　高考日语作文简介

一、2005 — 2021 年高考日语作文真题汇总

　　我们首先从2005年—2021年这17年的高考历年真题入手，来了解高考日语作文的考题、写作类型和写作要点等。

年份	作文题目	写作类型
2021年	假如你是李明，你们班将于10月15日周五下午2~5点举办中日学生交流会，届时希望日本留学生谈一谈"日本人眼中的中国"。请你给日本留学生山本发一封电子邮件，邀请他及他的朋友(2~3人)来参加。 写作要点： 1.介绍交流会的基本情况。 2.写明邀请的原因。 3.发出邀请。	应用文邮件
2020年	「電子書籍と活字の本」 　　科技的发展和进步改变着我们的生活，也改变着人们的阅读习惯。有人喜欢电子书（電子書籍），也有人喜欢纸质书（活字の本）。你更喜欢读哪一种书呢？请以「電子書籍と活字の本」为题，写出你的看法。 写作要点： 1.简述纸质书的优缺点。 2.简述电子书的优缺点。 3.写出自己的选择和理由。	"说明 + 看法"类写作
2019年	「最近読んだもの」 　　请以「最近読んだもの」为题，写一篇日语短文，介绍一本你最近读过的印象深刻的中文或日文书（或一篇文章）。 写作要点： 1.简单介绍一下该书（或文章）。 2.谈谈你介绍这本书（或文章）的理由或读后的感受。	"说明 + 看法"类写作

年份	作文题目	写作类型
2018年	「雨の日に」 　　晴天时，我们可以安排丰富的户外活动。雨天时我们同样能够外出购物，看电影或会朋友等。雨天时，你会怎样安排自己的时间？请以「雨の日に」为题，写一篇短文。 写作要点： 1.列举一两件你在雨天里所做的事情。 2.叙述你当时的心情或感想。	"叙事＋感想"类写作
2017年	「細やかな幸せにも感謝の気持ち」 　　在现代社会中，人们总是在追求着自己的幸福。有了幸福感，生活才能丰富多彩。但是，我们在追求幸福的时候往往忽视了那些细小的感受。请你以「細やかな（细小）幸せにも感謝の気持ち」为题，写一篇短文。 写作要点： 1.举出几件你感到幸福的小事。 2.谈谈你的感受。 3.阐述你的观点。	"叙事＋感想"类写作
2016年	「自由な時間があったら」 　　高中三年，我们都在紧张的学习中度过。其实，除了学习之外，很多人都希望能有自己独立支配的时间，做自己想做的事情。请根据下面的写作要点，以「自由な時間があったら」为题，写一篇短文。 写作要点： 1.简单介绍你将如何支配自由时间。 2.列举事例，具体说明。 3.叙述你那样做的理由。	"叙事＋感想"类写作
2015年	「天気とわたしたちの生活」 　　请以「天気とわたしたちの生活」为题，写一篇短文。 写作要点： 1.写出天气与人类生活的关系。 2.简单写出随着科技的进步，人类对天气认知情况的变化。	"说明＋看法"类写作

年份	作文题目	写作类型
2014年	「家族で食事をとることについて」 　　随着社会发展节奏的加快，我们与家人在一起的时间越来越少，甚至很少有时间与家人共同进餐。你对此有何感受？请以「家族で食事をとることについて」为题，写一篇短文。 写作要点： 1. 简述你家的情况。 2. 表明你的看法。 3. 说明你的理由。	"叙事＋感想"类写作
2013年	「映画はどこで見ればよいか」 　　最近，随着家电的普及，在家里也能欣赏到电影了。有人认为，看电影还是去有银幕（スクリーン）的影院好。还有人认为，在家里通过DVD等看电影也不错。请你以「映画はどこで見ればよいか」为题，写一篇短文。 写作要点： 1. 表明你的观点。 2. 阐明持有这种观点的理由。 3. 总结全文。	"观点＋理由"类写作
2012年	假设你是孙翔宇,正在日本人家短期寄宿（ホームステイ）。房东田中太太现在不在家。你有事要外出，请你用日语给房东写一个便条，要点如下： 1. 晚6点之前回来。 2. 房东交办的①去市立图书馆还CD；②去超市买麻婆豆腐调料（マーボー豆腐のもと），两事均已办妥。调料已经放入冰箱。 3. 有个叫山口的人来电话说，原定明天中午一起吃饭的事因故取消，并且已通知了其他相关人员，晚上会再打来电话。	应用文便条

年份	作文题目	写作类型
	写作要点： 1. 写出留便条的理由。 2. 表述清楚以上3项内容。 3. 写出结束语。	
2011年	「小学生の外国語の勉強について」 　　关于在小学开设外语课，人们有不同的看法，请阅读下面的对话，以「小学生の外国語の勉強について」为题，写一篇短文。 女：ねえ、知ってる？最近、小学生も外国語を習っているんだって。 男：えっ、小学生が？それはちょっとどうかなあ。 女：どうして？私は中学から英語を勉強して苦労したから、もっと小さいうちから英語を始めるほうがいいと思ってるんだけど。 男：でも、母国語もまだしっかりしていないのに外国語まで勉強したら、どっちもできなくなっちゃうよ。 女：でも、子どもの時から外国で生活して、母国語も外国語も同じように話せる人、たくさんいるわよ。 写作要点： 1. 简单介绍你学外语的经历。 2. 结合你的经历，表明你对这一问题的看法。 3. 说明你持有上述看法的理由。	"观点 +理由"类写作
2010年	「共通語と方言」 　　在日常生活中，普通话和方言都在使用，同学们对此看法不一。针对这个问题，班里将召开日语讨论会。请你以「共通語と方言」为题写一篇发言稿，谈谈自己的看法。 写作要点： 1. 阐述普通话和方言各自的作用。 2. 分析普通话和方言都在使用的原因。 3. 表明你的看法。	"说明 +看法"类写作

年份	作文题目	写作类型
2009年	「仕事を選ぶ時の基準について」 　　某机构对日本大学生的择业标准做了一次问卷调查，下表是此次调查的统计结果。请根据图表（グラフ）所提供的信息和写作要点，以「仕事を選ぶ時の基準について」为题，写一篇短文。 写作要点： 1. 对表中数据做一简单综述。 2. 简单分析日本大学生择业标准的特点。 3. 写出你对日本大学生择业标准的印象或评价。	材料作文
2008年	在表述同一事物时，日语中有些词既可以使用汉语词，又可以使用外来语，比如：教科書/テキスト、試験/テスト、演奏会/コンサート、体育/スポーツ等。你倾向于使用汉语词还是外来语？请谈一下你的看法。 写作要点： 1. 简单叙述上述现象。 2. 表明你的看法。 3. 说明你的理由。	"观点 + 理由"类写作

年份	作文题目	写作类型
2007年	「鈴木さんへのお見舞い」 　　假设你是李平，代表全班前往医院看望铃木同学。请根据你看望铃木时的对话，以「鈴木さんへのお見舞い」为题，用第一人称写一篇班级通讯。 李平：どうですか、具合は。 鈴木：いやあ、足の骨、折っちゃってね。 李平：大変でしたね。でも、お元気そうですね。この花、みなさんの気持なんですけど。 鈴木：やあ、どうも。 李平：あ、じゃ、ちょっとこれ、花瓶に入れてきます。 鈴木：うれしいなあ。どうもありがとう。 李平：鈴木さん、自転車に乗ってたんですね。 鈴木：うん。 李平：気をつけてくださいね。自転車も危ないから。で、まだ痛むんですか。 鈴木：うん、少しね。でも、単純骨折だからすぐ治るって、医者が言ってた。 李平：で、いつごろ退院できるんですか。 鈴木：あと一週間ぐらいかな。 李平：じゃ、そろそろ。 鈴木：今日は本当にありがとう。みなさんによろしく。 李平：はい。じゃ、どうぞお大事に。	应用文 通讯
2006年	以下是日本某报社对"数学是人生的役に立つと思いますか"的问卷调查结果。请对这一问题表明你的观点并阐明理由。 写作要点： 1. 表明你同意哪种观点。	"观点＋理由"类写作

（2006年 表格内）

役に立つ	78%
役に立たない	10%
どちらともいえない	10%
その他	2%

年份	作文题目	写作类型
	2. 利用调查结果来说明你持有这种观点的理由。 3. 举例支持你的观点。	
2005年	「日本の高齢化社会」 　　下表是日本进入老龄化社会的一份调查表。请根据该图表所提供的信息和表后的写作要点，以「日本の高齢化社会」为题，写一篇短文。 総人口に占める高齢化者の割合（比例）の推移 写作要点： 1. 图表所显示的具体情况。 2. 日本进入老龄化社会的特点。 3. 你对日本进入老龄化社会的看法。	材料作文

二、2005—2021年高考日语作文真题分析

从对2005—2021年历年真题的汇总表中，我们可以发现：

1. 高考日语作文题以"叙事+感想"类写作、"说明+看法"类写作及"观点+理由"类写作为主，另外还有应用文和材料作文写作等。

2. 大部分都是命题作文，"写作要点"往往已经明确了作文的结构，并且大部分都是三段式写作。

我们将上表2005—2021年这17年的高考作文题中的各个写作类型的出题次数统计如下。

写作类型		出题次数
"叙事＋感想"类写作		4次
"说明＋看法"类写作		4次
"观点＋理由"类写作		4次
应用文写作	邮件	1次
	便条	1次
	通讯	1次
材料作文写作	图表等材料作文	2次

三、高考日语作文考试要求及评分标准

1.考试形式

　　写作是考试的第四部分，目的是测试考生的日语书面表达能力。该部分满分为30分，考试时间为25分钟，要求考生根据所给的信息，用日语写一篇300～350字的短文。提供信息的形式有图表、提纲、词组、短语、短文等。主要考试形式是命题作文。

2.考试要求

　　在《普通高等学校招生全国统一考试大纲及考试说明》中对日语写作的具体要求为：

　　①准确使用词汇和语法，注意书写格式、标点符号。

　　语言的准确性是写作中不可忽视的一个重要方面，因为它直接或间接地影响到信息的准确传输。句子是否流畅，用词是否准确是写作部分评分标准中的一项重要内容。书写是否规范和标点符号运用是否正确也会在一定程度上影响考生的成绩。

　　②使用一定的句型、词组，清楚、连贯地表达自己的意思。

　　任何一篇文章都需要有一个主题，考生应该围绕该主题，借助一些句型、词组等，清楚、连贯地表达自己的思想。

3.评分方法及档次标准

　　根据《普通高等学校招生全国统一考试大纲及考试说明》可知，在高考日语作文的评分中，阅卷老师先根据短文的内容和语言初步确定其所属档次，然后根据该档次的标准并结合评分说明确定或调整档次，最后给分。具体的"档次标准"如下：

第六档	26—30分	写出"写作要点"的全部内容，语言准确流畅，表达形式丰富。
第五档	20—25分	写出"写作要点"的全部内容，语言表达恰当。
第四档	15—19分	写出"写作要点"的大部分内容，语言表达通顺。
第三档	10—14分	写出"写作要点"的一部分内容，语言表达基本通顺。
第二档	5—9分	写出"写作要点"的少部分内容，语言表达欠通顺。
第一档	0—4分	写出"写作要点"的很少内容，语言表达不通顺或字数少于100字。

4.评分说明

①少于300字者，每少写一行扣1分。

②每个用词或书写错误扣0.5分（相同错误不重复扣分）。

③每个影响交际的语法错误（活用、时态、助词、句型等）扣1分，扣分总值分不超过5分。

④标点符号及格式错误扣分总值不超过2分。

Unit 2　高考日语写作常见五大错误

一、书写错误

1. 单词书写不规范

　　日语单词都有惯用的、约定俗成的书定方式，有些单词写汉字，有些单词写假名，有些单词既有汉字又有假名，还有些单词用不同的汉字表达不同的词义。在写作时，应该按照平时所学的方式写单词，不能随意书写。

错误示例	分析
1)　× 答えを**鉛ぴつ**で書きます。 　　○ 答えを**鉛筆**で書きます。	有汉字的单词要写汉字。
2)　× 姉は**晩ごはん**を食べません。 　　○ 姉は**晩ご飯**を食べません。	
3)　× どうやって週末を**過し**ますか。 　　○ どうやって週末を**過ごし**ますか。	不能漏写单词中的假名。
4)　× 落ち込んでいる友だちを**励し**ました。 　　○ 落ち込んでいる友だちを**励まし**ました。	
5)　× 今の生活は**苦い**です。 　　○ 今の生活は**苦しい**です。	
6)　× このお店は今日、お客さんが**少い**です。 　　○ このお店は今日、お客さんが**少ない**です。	
7)　× 今住んでいる部屋はとても**明い**です。 　　○ 今住んでいる部屋はとても**明るい**です。	
8)　× 故郷は**大き**変化はないです。 　　○ 故郷は**大きな**変化はないです。	
9)　× 鈴木さんに**変わって**会議に出席します。 　　○ 鈴木さんに**代わって**会議に出席します。	读音相同、汉字不同的单词，要根据句意选择正确的汉字。
10)　× 今年の夏は**熱い**です。 　　○ 今年の夏は**暑い**です。	
11)　× 最近、**温かく**なりました。 　　○ 最近、**暖かく**なりました。	

12)	× 王さんはもう家に**帰え**ました。 ○ 王さんはもう家に**帰り**ました。		有些一类动词词形与二类动词相似，要注意其变形规则。

2. 汉字写法受中文干扰

日语中很多汉字和中文汉字的写法十分相似，但又有细微的区别，有些汉字的写法和中文的汉字有很大的区别，还有些汉字笔画较多，较难写。在写作时，要特别注意这些汉字的写法。

1）与中文写法相似的汉字

1	× 映**画**を見る ○ 映**画**を見る	11	× 道を**歩**く ○ 道を**歩**く	21	× 人数が**減**る ○ 人数が**減**る
2	× 留学を**決**める ○ 留学を**決**める	12	× **魚**を食べる ○ **魚**を食べる	22	× 簡**単**な問題 ○ 簡**単**な問題
3	× **涼**しい天気 ○ **涼**しい天気	13	× **図**書館で勉強する ○ **図**書館で勉強する	23	× **角**を曲がる ○ **角**を曲がる
4	× **黒**の帽子 ○ **黒**の帽子	14	× **将**来の夢 ○ **将**来の夢	24	× **冰**を入れる ○ **氷**を入れる
5	× お客さんが**増**える ○ お客さんが**増**える	15	× **正直**な人 ○ **正直**な人	25	× **住所**を書く ○ **住所**を書く
6	× 大きな**変化** ○ 大きな**変化**	16	× 大**気**污染 ○ 大**気**污染	26	× 理**解**できない ○ 理**解**できない
7	× **突然**のこと ○ **突然**のこと	17	× **悩**みがある ○ **悩**みがある	27	× 親に苦**労**をかける ○ 親に苦**労**をかける
8	× 意見を**交換**する ○ 意見を**交換**する	18	× 生活に**満足**する ○ 生活に**満足**する	28	× 背が**低**い ○ 背が**低**い
9	× 彼の意見に**賛成**する ○ 彼の意見に**賛成**する	19	× 体の具合が悪い ○ 体の具合が悪い	29	× **浅**い池 ○ **浅**い池
10	× この**辺**り ○ この**辺**り	20	× 友だちと**別**れる ○ 友だちと**別**れる	30	× 虫歯を**抜**く ○ 虫歯を**抜**く

2）与中文写法区别很大的汉字以及通用规范汉字表中没有的汉字

1	× 泪を流す ○ 涙を流す	6	× いい**习**慣を养う ○ いい**習**慣を**養**う	11	× 広い范囲 ○ 広い**範囲**
2	× 邻の人 ○ **隣**の人	7	× 雨の日が续く ○ 雨の日が**続**く	12	× 経験を积む ○ 経験を**積**む
3	× 态度がいい ○ **態**度がいい	8	× 部屋を扫除する ○ 部屋を**掃**除する	13	× 自分の专门 ○ 自分の**専門**
4	× ごみを扔てる ○ ごみを**捨**てる	9	× 盐を入れる ○ **塩**を入れる	14	× 坡を上る ○ **坂**を上る
5	× 学校に迟れる ○ 学校に**遅**れる	10	× 窗を開ける ○ **窓**を開ける	15	× 危险なところ ○ 危**険**なところ

3）笔画较多，较难写的日语汉字

1	大声に**驚**く	10	今日は**曇**りだ	19	**髪**が長い
2	自転車が**壊**れる	11	試験で**緊張**する	20	大**勢**の人
3	困**難**な状況	12	**環境**がいい	21	洗**濯**機を買う
4	仕事の経**験**	13	**傘**を持っていく	22	積**極**的に行動する
5	私の**夢**	14	**橋**を渡る	23	先生に**褒**められる
6	**寮**に住んでいる	15	日本の**歴**史	24	席を**譲**る
7	展**覧**会に行く	16	**相撲**を見る	25	資料を**準備**する
8	今年は 18 **歳**です	17	鳥が**飛**ぶ	26	駅前の**喫茶**店
9	漫画に**興**味を持つ	18	故**郷**に帰る	27	建**築**物

二、助词使用错误

1.「に」与「で」的误用

　　助词「に」与「で」都可以表示场所，「に」一般表示存在的场所，而「で」表示动作进行的场所。

错误示例	分析
1）× 木村さんは教室でいます。 　　○ 木村さんは教室にいます。	表示存在的场所要用「に」。

误用举例	分析
2) ✕ 私はよく図書館に勉強します。 ○ 私はよく図書館で勉強します。	表示动作进行的场所要用「で」。
3) ✕ この紙で名前を書いてください。 ○ この紙に名前を書いてください。	表示动作的着落点要用「に」。
4) ✕ 学校に運動会があります。 ○ 学校で運動会があります。	表示举办活动的场所要用「で」。
5) ✕ 李さんは日本で 5 年も住んでいました。 ○ 李さんは日本に 5 年も住んでいました。	表示静态动作的场所要用「に」。

2.「で」与「を」的误用

错误示例	分析
1) ✕ 小鳥が空で飛んでいます。 ○ 小鳥が空を飛んでいます。	表示动作经过的场所要用「を」。其后面的动词多为包含移动意义的自动词，如「歩く / 渡る / 走る / 曲がる / 飛ぶ / 散歩する」等。
2) ✕ 週末はよく公園で散歩します。 ○ 週末はよく公園を散歩します。	
3) ✕ 2 つ目の角で右に曲がると、映画館が見えます。 ○ 2 つ目の角を右に曲がると、映画館が見えます。	
4) ✕ 信号をよく確認してから道で渡ります。 ○ 信号をよく確認してから道を渡ります。	

3.「に」与「を」的误用

错误示例	分析
1) ✕ 去年、大学に卒業しました。 ○ 去年、大学を卒業しました。	表示离开的场所、起点或出发点时要用「を」，后面常用「出る / 立つ / 卒業する / 降りる」等动词。
2) ✕ 今朝 8 時に家に出ました。 ○ 今朝 8 時に家を出ました。	
3) ✕ 新宿駅で電車に降りました。 ○ 新宿駅で電車を降りました。	

4.「に」「で」与「を」的误用

错误示例	分析
1) × 毎日電車**を**乗って学校へ行きます。 ○ 毎日電車**に**乗って学校へ行きます。	「乗る」和「電車」不是动宾关系，不能用「を」表示。「乗る」是自动词，而「電車」是「乗る」的着落点，要用「に」表示。
2) × 毎日電車**で**乗って学校へ行きます。 ○ 毎日電車**で**学校へ行きます。	「電車」不是「乗る」的工具，不能用「で」，用「で」的话句子应改成「電車で行く」。

5.「は」与「が」的误用

错误示例	分析
1) × 鈴木さん**が**髪**は**長いです。 ○ 鈴木さん**は**髪**が**長いです。	表示句子的主题（大主语）要用「は」，表示主语（小主语）要用「が」。
2) × 私は日本語**が**少し話せますが、フランス語**が**ぜんぜん話せません。 ○ 私は日本語**は**少し話せますが、フランス語**は**ぜんぜん話せません。	表示对比和强调时，要用「は」。
3) × 今日の授業で誰**は**発表しますか。 ○ 今日の授業で誰**が**発表しますか。	疑问词作主语时，要用「が」来表示，而不能用「は」。
4) × どの人**は**佐藤さんですか。 ○ どの人**が**佐藤さんですか。	

6.「を」与「が」的误用

错误示例	分析
1) × 私は漫画**を**好きです。 ○ 私は漫画**が**好きです。	表示「好き / 喜欢」「嫌い / 讨厌」「上手 / 擅长」「下手 / 不擅长」等的对象时，要用「が」。
2) × 新しいかばん**を**ほしいです。 ○ 新しいかばん**が**ほしいです。	表示「～たい」「～ほしい」等的对象时，要用「が」。

错误示例	分析
3) × 冷蔵庫にビール**が**入れておきました。 ○ 冷蔵庫にビール**を**入れておきました。 ○ 冷蔵庫にビール**が**入れてあります。	「～ておく」表示为了特定目的提前做好准备，强调做某个动作，前面的助词一般用「を」。而「～てある」表示进行某个动作之后，其结果还存续着，强调已经做好某事的结果、状态，前面的助词一般用「が」。
4) × この料理は変な味**を**します。 ○ この料理は変な味**が**します。	「名词＋がします」表示有某种感觉，前面的名词常为「匂い/气味」「香り/香味」「味/味道」「音/响声」「感じ/感觉」等。此时不能用「を」。
5) × あそこの青のネクタイ**が**している人が佐藤さんです。 ○ あそこの青のネクタイ**を**している人が佐藤さんです。	「名词＋をします」表示穿戴、外貌等，此时不能用「が」。

7.「や」与「と」的误用

错误示例	分析
1) × スーパーで野菜**と**果物などを買いました。 ○ スーパーで野菜**や**果物などを買いました。	「や」表示不完全列举，常用于「～や～など」的句型，包含除此之外还有其他的意思。「と」表示完全列举。
2) × 私は姉1人**や**弟1人います。 ○ 私は姉1人**と**弟1人います。	

8.「が」与「に」的误用

错误示例	分析
1) × 誕生日に父**が**腕時計をもらいました。 ○ 誕生日に父**に**腕時計をもらいました。	「～に/から～をもらう」表示"从……那里得到了……"，授予者要用「に/から」表示。
2) × 母**に**ごちそうをたくさん作ってくれました。 ○ 母**が**ごちそうをたくさん作ってくれました。	「～が～てくれる」表示别人为"我"做某事，动作的主体要用「が」。

三、时态错误

在写作文时，要注意句末的时态。描述过去的事情要用过去时，描述现在的事情要用现在时。

1.「～ます」和「～ました」的误用

错误示例	分析
1）× 去年の夏休みに海へ**行きます**。 　　○ 去年の夏休みに海へ**行きました**。	「去年」表示过去，因此句子要用过去时。
2）× 子どもの頃、日本へ旅行に**行く**ことがあります。 　　○ 子どもの頃、日本へ旅行に**行った**ことがあります。	「子どもの頃」表示过去，叙述过去曾经发生过的事情要用「動た形＋ことがある」。

表示过去的时间状语总结

□去年	・去年、姉は日本へ留学に行きました。
□先週	・先週、故郷へ帰りました。
□昨日	・昨日、風邪で学校を休みました。
□さっき	・さっき、木村という人から電話がありました。
□この間	・この間、駅で佐藤先生に会いました。
□子どもの頃	・子どもの頃、よく山へ虫取りに行きました。

表示将来的时间状语总结

□これから	・これから、図書館に行きます。
□来週	・来週、期末試験があります。
□今後	・今後、もっと勉強を頑張りたいと思います。
□将来	・将来、医者になりたいです。
□今度	・今度、日本に行ったら味噌ラーメンを食べたいです。

2.「～ている」与「～ていた」的误用

错误示例	分析
× **期待している**試合が中止になってがっかりしました。 ○ **期待していた**試合が中止になってがっかりしました。	「～ていた」表示过去持续的动作。

3.「～る」「～た」与「～ている」的误用

错误示例	分析
1) × 姉は**結婚しました**。 ○ 姉は**結婚しています**。	表示"已经结婚了"要用「結婚している」，「～ている」除了可以表示动作正在进行，还可以表示动作结果的持续或恒久不变的状态。类似的还有「知っている／知道」「似ている／像」。
2) × 私はカメラを**持ちます**。 ○ 私はカメラを**持っています**。	「持っている」表示一直持有的状态。

四、自他动词的使用错误

自他动词的用法是考生容易犯错的知识点，写作文时要注意是用自动词还是他动词，相应地，也要考虑动词前面的助词是用「が/は」还是「を」。

1. 常见的自他动词的误用

错误示例	分析
1) × 学生たちは明日朝 8 時に学校の前に**集めて**ください。 ○ 学生たちは明日朝 8 時に学校の前に**集まって**ください。	句子的主语是「学生たち」，因此要用自动词「集まる」。
2) × 10 年ぶりに故郷へ帰ったが、ずいぶん**変えました**。 ○ 10 年ぶりに故郷へ帰ったが、ずいぶん**変わりました**。	句子的主语是「故郷が」，因此要用自动词「変わる」。
3) × コンビニで買ってきたジュースを冷蔵庫に**入りました**。 ○ コンビニで買ってきたジュースを冷蔵庫に**入れました**。	由于前面是宾语「ジュースを」，因此后面要用他动词「入れる／放入」。
4) × かぎを落としたから、家に**入れなかった**んです。 ○ かぎを落としたから、家に**入れなかった**んです。	把钥匙弄丢了，结果是'我'"无法进家门"，因此要用自动词「入る」可能形的否定形式「入れなかった」。

误用举例	分析
5) × 本を読み終わったら、本棚に**戻って**ください。 ○ 本を読み終わったら、本棚に**戻して**ください。	由于前面出现的是宾语「本を」，应该用「本を戻す」的搭配。
6) × 今朝、テレビ**が**つけたまま部屋を出てしまった。 ○ 今朝、テレビ**を**つけたまま部屋を出てしまった。	「つける」是他动词，前面的助词应该用「を」。
7) × ジョギングを2か月ぐらい**続いた**。 ○ ジョギングを2か月ぐらい**続けた**。 ○ ジョギング**が**2か月ぐらい**続いた**。	「続く」是自动词，「続ける」是他动词，可以用「～を続ける」或「～が続く」。
8) × ずっと探していた本を母が**見つかって**くれた。 ○ ずっと探していた本を母が**見つけて**くれた。 ○ ずっと探していた本**が見つかった**。	「見つかる / 被找到」是自动词，「見つける / 找到」是他动词。如果是"书被找到"，要用「本が見つかる」；"妈妈找书"，要用「母が本を見つける」。
9) × 病気**を治す**ように、薬を飲んでいます。 ○ 病気**が治る**ように、薬を飲んでいます。	「～ように」表示目的时，前面一般接表示结果状态的非意志性动词或意志性动词的可能形。自动词「治る」是非意志性动词，应该用「～が治るように」。
10) × 病気**が治る**ために、薬を飲んでいます。 ○ 病気**を治す**ために、薬を飲んでいます。	「～ために」表示目的时，前面一般接表示行为的意志性动词。他动词「治す」是意志性动词，应该用「～を治すために」。

19

误用举例	分析
11）× 会議室に椅子や机が**並ん**であります。 ○ 会議室に椅子や机が**並べて**あります。	「～てある」表示有目的地做了某个动作之后，其结果还存续着，因此前面的动词一般用他动词，但助词要用「が」。

五、指示代词、人称代词使用错误

1. 指示代词的误用

在写作时，考生容易误用「こ・そ・あ・ど」系列的指示代词。尤其是「その～」与「あの～」、「それ」与「あれ」，翻译成中文都是"那个"，但是在日语中的用法有很大的区别，写作文时要注意区分使用。

错误示例	分析
1）× 高校生活の思い出はたくさんあります。**あの**中で、一番印象に残っているのは高校 2 年生の時の合唱コンクールです。 ○ 高校生活の思い出はたくさんあります。**その**中で、一番印象に残っているのは高校 2 年生の時の合唱コンクールです。	「その中で」在这里指代前一句的「高校生活での思い出の中で」。 「そ」系指示代词可以指代前文出现过的内容，而「あ」系指示代词用于指代双方都熟悉的事物。
2）× 子どもの頃、寝る前に祖母はよく昔話を聞かせてくれました。**あれ**を聞きながら、私は安心して眠りにつきました。 ○ 子どもの頃、寝る前に祖母はよく昔話を聞かせてくれました。**それ**を聞きながら、私は安心して眠りにつきました。	「それ」指代前一句话中的「昔話」，不能用「あれ」。

2. 人称代词的误用

在中文写作中，会经常用到"他/她"，受此习惯的影响，考生在写日语作文时，也喜欢使用「彼/彼女」等人称代词，但在一些情景下使用这类人称代词会显得很不礼貌，应避免使用。

错误示例	分析
✕ 今日、駅のホームで田中先生に会いました。**彼**は私の中学校の先生です。 ○ 今日、駅のホームで田中先生に会いました。**田中先生**は私の中学校の先生です。	指代老师、上司或长辈等人物时，应避免使用「彼」「彼女」等人称代词，而应使用「○○先生」「○○さん」「○○部长 / 课长」等。

Unit 3　高考日语写作六大原则

一、把控时间、字数原则

1. 合理分配时间

根据高考日语作文的字数要求，我们要合理分配写作时间，避免出现写不完或字数不够的情况。

规定字数	300～350 字
所需时间	25 分钟
建议使用时间	30 分钟
建议时间分配	审题 2 分钟 → 列提纲、构思 3 分钟 → 正式写作 20 分钟 → 检查确认 5 分钟

一般情况下，花2分钟仔细审题，将试卷上的题目信息、写作要点等仔细读两三遍。然后列提纲和文章的大致段落结构。这个步骤非常重要，且并不需要太多时间，千万不能忽略。正式写作时，考生可以根据自己平时的写作习惯来决定是否打草稿。在时间有限的情况下，可以在草稿纸上写出每一段的关键句或列出几个关键词。

2. 严格遵守字数规定

考生要根据稿纸的行数和列数进行估算，作文字数不能太多，也不能太少，少于300字，每少写一行将扣1分。

二、逐字逐句审题原则

高考作文一般都包含题目信息、写作要点和写作要求这三大部分，考生在正式写作之前应该仔细审题，将这三大部分内容逐字逐句地阅读两三遍。我们以2020年的高考真题为例，讲解一下如何审题。

【2020年高考真题】
科技的发展和进步改变着我们的生活，也改变着人们的阅读习惯。有人喜欢电子书（電子書籍），也有人喜欢纸质书（活字の本）。你更喜欢读哪一种书呢？请以「電子書籍と活字の本」为题，写出你的看法。　　　　　　→　题目信息

写作要点：

1.简述纸质书的优缺点。

2.简述电子书的优缺点。

3.写出自己的选择和理由。

写作要求：

1.字数为300～350字。

2.格式正确，书写清楚。

3.使用「です・ます」体。

写作要点

写作要求

1. 仔细阅读题目信息

仔细审题，理解每一句话的含义与意图，抓住重点。题目信息中总共包含了四句话，下面我们逐句进行分析。

①科技的发展和进步改变着我们的生活，也改变着人们的阅读习惯。

【分析】这句话提供了写作的范围和背景，写作时，可以将其转化成相应的日语表达，用几句话来介绍电子书的现状和普及情况。

②有人喜欢电子书（電子書籍），也有人喜欢纸质书（活字の本）。

【分析】这句话介绍了人们阅读的两种倾向，写作时，这两种情况都需要进行说明，不能只讲述其中一种情况。

③你更喜欢读哪一种书呢？

【分析】这句话提出问题，写作时，必须给出答案，即表明自己的观点——是喜欢电子书还是纸质书。

④请以「電子書籍と活字の本」为题，写出你的看法。

【分析】这句话给出了作文题目，并明确要求写出自己的看法。

2. 仔细阅读写作要点与要求

高考作文的写作要求每年的区别不大，但也需要仔细阅读，注意字数规定等。写作要点是审题的重点内容，其中所有要点都必须在作文中体现，不能有遗漏。

写作要点：

1. 简述纸质书的优缺点。

2. 简述电子书的优缺点。

3. 写出自己的选择和理由。

【分析】上面的3条写作要点实际上包含了6个写作要点，写作文时缺一不可。

①纸质书的优点

②纸质书的缺点

③电子书的优点

④电子书的缺点

⑤你平时选择看纸质书还是电子书

⑥你做出以上选择的理由

三、列提纲分段落原则

写高考作文时，可以利用题目信息以及写作要点列提纲、分段落，确定作文的基本框架。这是审题之后，正式写作之前的重要步骤。确定好段落结构之后，将每个段落进行细化和扩展，写出关键句和关键词，再把它们合理地组织起来，就能完成一篇达到基本要求的作文。以2020年真题为例，可以按照下面的方法列提纲、分段落。

第1段：引出话题、提出问题
　　　　①電子書籍を利用する人が増えてきました。
　　　　②電子書籍より活字の本が好きだという人もいます。
　　　　③電子書籍と活字の本と、どちらがいいのでしょうか。

第2段：具体阐述电子书和纸质书的优缺点
　　　　①電子書籍のいいところとよくないところ
　　　　②活字の本のいいところとよくないところ

第3段：自己的选择及理由
　　　　①私は電子書籍／活字の本のほうがもっと好きです。
　　　　②理由：理由1、理由2…

四、作文结构完整原则

1. 分段明确、结构分明

　　高考日语作文以三段式或四段式为佳。常见的写作框架如下。

1）两段式文章——"总 — 分"结构

第1段	提出问题、表达观点。
第2段	对第1段的观点展开论述。

2）三段式文章——"总 — 分 — 总"结构

第1段	序论。文章的引言段，常常是提起一个话题，或提出作者的主张、观点等。
第2段	本论。对第1段的话题进行展开，或从不同角度进行论述。
第3段	结论。结尾段，总结自己的感想、看法、观点等，或对未来予以展望。

3）四段式文章——"总 — 分 — 分 — 总"结构

第1段	起。文章开头的部分，提出文章主题或观点。
第2段	承。对"起"的部分所提出的内容展开详细说明、论述。
第3段	转。加入新的事实或者从其他角度来进行论述，深化观点。
第4段	合。对全文进行总结。

　　其中，四段式文章通常使用"起承转合"的段落构成方式。这种文章结构中，作者需要先提出文章主题或观点，接着展开事例，然后举出反例或进行补充，最后得出结论。这种写法常见于议论文，或者随笔、说明文等。

2. 合理使用连接性词汇

　　合理使用起连接作用的接续词、副词等可以使段落看起来层次分明、条理清晰、逻辑性强。写高考作文时，可以使用简单的、有把握的接续词或副词。

表示并列	また、そして
表示因果	ですから、そのため、その結果
表示转折	しかし、ところが
举例	例えば
总结	つまり、要するに

五、语言连贯一致原则

1. 主谓一致

示例	分析
1) **母**がお弁当を作って**くれました**。 ⇒「母」作主语 **私は**母にお弁当を作って**もらいました**。 ⇒「私」作主语	「母」作主语时，要用授受表达「～てくれる」，表示"妈妈为我做……"。「私」作主语时，要用授受表达「～てもらう」，动作的主体「母」要用助词「に」表示。
2) 今日、**私は**田中先生に叱られました。 ⇒「私」作主语 今日、**田中先生は**私を叱りました。 ⇒「田中先生」作主语	「私」作主语时，谓语动词要用被动形。「田中先生」作主语时，谓语动词要用主动形。

2. 文体一致

写作时，有些考生容易犯敬体、简体混用的错误，高考要求统一用「です・ます」体即敬体进行写作，应避免使用简体。

错误示例	分析
× 今日は桜デパートへ行きました。新しいスカートと靴を**買った**。 ○ 今日は桜デパートへ行きました。新しいスカートと靴を**買いました**。	句子要统一使用敬体，应将「買った」改为「買いました」。

3. 时态一致

句末的时态要与前面的时间状语保持一致。

错误示例	分析
× いつも自転車で大学に**行きました**が、今朝は雨が降っていたので、バスで**行きます**。 ○ いつも自転車で大学に**行きます**が、今朝は雨が降っていたので、バスで**行きました**。	「いつも」表示一般情况，因此要用现在时「行きます」。而「今朝」意为"今天早上"，即已经过去的事情，应该用过去时「行きました」。

六、词句正确无误原则

1. 避免使用没把握的单词和表达

　　在考试大纲的"评分说明"中，明确规定用词错误扣0.5分。实际写作时，如果想用某个单词，但对其用法没有充分的把握时，应该选择寻找替换的单词和表达方式，尽量避免被扣分。

示例	分析	
1）近年、電子書籍を<u>利用する</u>人が増えてきました。	想要表达"使用电子书的人增多了"，可以使用「利用する」「読む」「使う」等单词。	
2）電子書籍は<u>安い値段で購入できます</u>。	想要表达"电子书便宜"可以使用「安い値段で購入できます」，也可以替换成「安い値段で買えます」，这两种表达都包含了可能形，需要进行动词变形。如果对动词变形没有把握，可以用更简单的表达，如「電子書籍は安いです」等。	

2. 避免写没把握的长难句

　　写作时，不必挑战高难度的句型，也要避免写没有把握的长句子。在考试大纲的"评分说明"中，明确规定影响交际的语法错误扣1分，包括各类词的活用错误、时态错误、助词错误和句型使用错误等。因此，写作时要注意写自己有把握的句子。

28

Step 2
高考日语写作训练
150 篇

Unit 1 写作入门训练

一、校园生活类题材

写作 1 小学校の思い出

> 　　在你的记忆中，你的小学是一所怎样的学校？在学校里，有什么事情是令你印象深刻而至今都无法忘怀的？请以「小学校の思い出」为题，写一篇短文。
>
> 写作要点：
> 1. 简单介绍你的小学。
> 2. 叙述两三件令你印象深刻的事情以及你的感受。
> 3. 简单总结你的小学生活。
>
> 写作要求：
> 1. 字数为300～350字。
> 2. 格式正确，书写清楚。
> 3. 使用「です・ます」体。

★提纲导写★

开头段：简单介绍自己的小学。可以从地理位置、校园环境等方面来介绍。
　　实用词句：校庭、校舎、運動場、芝生、広い、きれい
　　实用句型：・～は～にあります。
　　　　　　　・～ないですが、～です。
　　　　　　　・～てあります。

主体段：通过具体事例叙述在小学的生活以及自己的感受。
　　实用词句：友だちができる、おしゃべりをする、試合に出る、寂しい、楽しい
　　实用句型：・～てくれます。
　　　　　　　・～ですが、～です。
　　　　　　　・～ようになりました。

结尾段：总结全文，对小学生活做出总体评价。
　　实用词句：先生、友だち、仲間、思い出、出会う、過ごす
　　实用句型：・～は～です。
　　　　　　　・～て～です。

写作 2　遠足の思い出

　　学校里每个学期都会组织春游或秋游，我们有时也会在周末或假期里和家人、朋友外出郊游。请以「遠足の思い出」为题，写一篇短文。

写作要点：

1. 介绍令你印象深刻的一次郊游。

2. 叙述那次郊游的具体活动以及当时的心情。

3. 说说你的感想。

写作要求：

1. 字数为300～350字。

2. 格式正确，书写清楚。

3. 使用「です・ます」体。

★ 提纲导写 ★

开头段：引出话题，介绍一次令你印象深刻的郊游。

　　　实用词句：行事、印象に残る、印象深い

　　　实用句型：・～のは～です。

主体段：通过具体事例叙述郊游中的各项活动以及感受。

　　　实用词句：郊外、農園、公園、農業体験、ゲーム、綱引き、二人三
　　　　　　　　脚、みかんを採る、歓声をあげる、わくわく

　　　实用句型：・～てから～ました。

　　　　　　　　・～で～です。

　　　　　　　　・～たら、～です。

结尾段：总结全文。

　　　实用词句：苦労、喜び、楽しい、忘れられない、味わう

　　　实用句型：・～てきました。

　　　　　　　　・～ましたが、～ました。

写作3　一番好きな先生

> 　　在学校里，我们会遇到各种各样的老师，有严厉的，也有和蔼可亲的。请以「一番好きな先生」为题，写一篇短文。
> 写作要点：
> 1. 简单介绍一位你喜欢的老师。
> 2. 叙述一两件有关这位老师的事情。
> 3. 说说这位老师对你的影响。
> 写作要求：
> 1. 字数为300～350字。
> 2. 格式正确，书写清楚。
> 3. 使用「です・ます」体。

★提纲导写★

> 开头段：介绍自己最喜欢的老师，并简单描述这位老师的外貌、性格特征。
> 　　　实用词句：国語、数学、英語、日本語、体育、物理、背が高い/低い、
> 　　　　　　　　眼鏡をかけている、太っている、優しい、厳しい、親切
> 　　　实用句型：・～は～です。
> 　　　　　　　　・～て～先生でした。
> 主体段：通过老师的具体事例或"我"与老师之间的故事来体现人物性格。
> 　　　实用词句：教える、助ける、励ます、指導する、成績がよくない、苦
> 　　　　　　　　手、だんだん、少しずつ
> 　　　实用句型：・～と言いました。
> 　　　　　　　　・～てくださいました。
> 　　　　　　　　・～ようになりました。
> 结尾段：写这位老师对自己的影响或者自己对这位老师的感情。
> 　　　实用词句：努力、大切さ、感謝、続ける、克服する
> 　　　实用句型：・～気持ちでいっぱいです。

写作 4 　一番好きな映画

　　有的电影会引起观众的共鸣，引发观众的思考，有的电影打动人心，让人感动不已。你最喜欢的电影是哪一部呢？请以「一番好きな映画」为题，写一篇短文。

写作要点：

1. 简单介绍一部你最喜欢的电影。

2. 说说观看这部电影后的感想。

3. 简单评价这部电影。

写作要求：

1. 字数为300～350字。

2. 格式正确，书写清楚。

3. 使用「です・ます」体。

★提纲导写★

开头段：引出自己最喜欢的一部电影。

　　　实用词句：一番、最も

　　　实用句型：・～は～です。

主体段：概括电影的主要内容，表达对这部电影的看法。

　　　实用词句：物語、作品、監督、展開、緊張感、結末、主人公、社会問
　　　　　　　　　題を反映する、受賞する、感動する、映像が美しい

　　　实用句型：・～を考えさせられました。

　　　　　　　　・～は～だと思います。

结尾段：对电影做出总体评价。

　　　实用词句：深みがある、すばらしい、面白い、共感を覚える

　　　实用句型：・～て～です。

　　　　　　　　・～だと思います。

写作5　一番好きな歌

　　歌曲可以让人放松，也可以振奋或抚慰人心。你最喜欢的歌曲是哪一首呢？请以「一番好きな歌」为题，写一篇短文。

写作要点：

1. 简单介绍你最喜欢的歌曲。
2. 说说你喜欢这首歌的原因。
3. 简单评价这首歌。

写作要求：

1. 字数为300～350字。
2. 格式正确，书写清楚。
3. 使用「です・ます」体。

★提纲导写★

开头段：引出自己最喜欢的一首歌曲。

　　　　实用词句：歌、歌手

　　　　实用句型：・～は～です。

　　　　　　　　　・～という歌です。

主体段：具体说明喜欢这首歌的原因，可以从旋律、歌词等方面来写，最好能结合自己的故事来写。

　　　　实用词句：テンポ、メロディー、歌詞、心に響く、落ち込む、頑張る、思い出す、落ち着く、明るい、懐かしい

　　　　实用句型：・～と、～ます。

　　　　　　　　　・～たびに～。

结尾段：对这首歌做出总体评价，并叙述这首歌对自己产生的影响等。

　　　　实用词句：勇気、力、情熱、元気になる

　　　　实用句型：・～をもらえます。

　　　　　　　　　・～てくれます。

写作6　質問があったら

在学习上遇到问题时，你会怎么解决呢？是去请教老师或同学，还是自己去查资料呢？请以「質問があったら」为题，写一篇短文。

写作要点：

1. 简述学习上遇到问题时常见的解决方法。

2. 谈谈你的解决方法。

3. 说明你的理由。

写作要求：

1. 字数为300～350字。

2. 格式正确，书写清楚。

3. 使用「です・ます」体。

★ 提纲导写 ★

开头段：简述学习上遇到问题时常见的解决方法。

　　实用词句：調べる、聞く、教える

　　实用句型：・～たら、どうしますか。

　　　　　　　・～人もいれば、～人もいます。

主体段：说明自己的解决方法，并说明为什么这么做。

　　实用词句：教科書、参考書、ネット、パソコン、情報、正しい、詳しい、考える

　　实用句型：・～場合は、～ます。

　　　　　　　・～しないで、～ます。

　　　　　　　・～たりしません。

　　　　　　　・なぜなら～からです。

　　　　　　　・それは～からです。

结尾段：总结全文。

　　实用词句：まず、もし

　　实用句型：・～てから～ほうがいいです。

写作7　クラスで一番○○人

　　每个班级里都会有几个个性鲜明、让人印象深刻的同学。请以「クラスで一番○○人」为题，写一篇短文。

写作要点：

1. 介绍班级里的一位同学。

2. 通过具体事例叙述这位同学的特征。

3. 说说你对该同学的看法。

写作要求：

1. 字数为300～350字。

2. 格式正确，书写清楚。

3. 使用「です・ます」体。

★ 提纲导写 ★

开头段：引出自己想要介绍的一位同学。

　　　实用词句：面白い、頭がいい、スポーツが得意だ

　　　实用句型：・～クラスで一番～人は～さんです。

主体段：具体叙述这位同学的事情。

　　　实用词句：優しい、大人しい、明るい、無口、穏やか、朗らか、積極的

　　　实用句型：・～そうです。

　　　　　　　　・～と言いました。

　　　　　　　　・～人だと思いました。

结尾段：表明自己对这位同学的总体看法或评价等。

　　　实用词句：目標、頑張る、尊敬する、一生懸命

　　　实用句型：・～さんは～ですが、～です。

　　　　　　　　・～さんを見習いたいと思います。

写作 8　私の○○勉強法

　　在学习各个学科时，每个人都有自己独特的学习方法。你有哪些自己的学习方法呢？请以「私の○○勉強法」为题，写一篇短文。

写作要点：

1. 具体叙述你在某个学科中使用的学习方法。
2. 说说这样学习的理由。
3. 总结全文。

写作要求：

1. 字数为300～350字。
2. 格式正确，书写清楚。
3. 使用「です・ます」体。

★ 提纲导写 ★

开头段：引出自己在某个学科，如语文、日语、数学、历史等中，有哪些独
　　　　特的学习方法。

　　　实用词句：効率、有効、上達する、役に立つ

　　　实用句型：・〜てから、〜の勉強を始めました。

　　　　　　　　・〜には、〜かよく考えています。

主体段：具体叙述自己在该学科中使用的学习方法，并说明理由。

　　　实用词句：基本、予習、復習、繰り返し、問題集、間違いノート、覚
　　　　　　　　える、忘れる、身につける、伸ばす、正しい、楽しい

　　　实用句型：・〜を勉強する上で、〜はとても大切です。

　　　　　　　　・〜ないと、〜てしまいます。

　　　　　　　　・〜ようにしています。

　　　　　　　　・〜ことで、〜（ら）れます。

　　　　　　　　・〜から、〜ようにしています。

结尾段：总结全文，进一步表明自己的看法等。

　　　实用词句：一番、大事、続ける、頑張る

　　　实用句型：・〜のは〜ことです。

　　　　　　　　・〜と思います。

二、日常生活类题材

写作 9　私の母

> 妈妈是我们生命中最重要的人，她给予我们温暖、勇气和爱。你的妈妈是怎样的一个人？请以「私の母」为题，写一篇短文。
>
> 写作要点：
>
> 1. 描述妈妈的外貌特征。
> 2. 通过具体事例，描写妈妈的性格特征等。
> 3. 说说你对妈妈的情感。
>
> 写作要求：
>
> 1. 字数为300～350字。
> 2. 格式正确，书写清楚。
> 3. 使用「です・ます」体。

★ 提纲导写 ★

> 开头段：概括性地写出妈妈的总体特征或最重要的特征，如职业、外貌和性格特征等。
>
> 　　　实用词句：主婦、先生、教師、会社員、背が高い/低い、目が大きい/小さい、明るい、前向き
>
> 　　　实用句型：・私の母は～が、～人です。
>
> 主体段：通过具体事例描述妈妈的性格特征，可以写3个左右的事例。
>
> 　　　实用词句：おしゃべりをする、冗談を言う、相談する、慰める、励ます、叱る、けんかする、上手、朗らか、無口、外向的、内向的
>
> 　　　实用句型：・～から～ます。
>
> 　　　　　　　　・～てくれます。
>
> 　　　　　　　　・～ことがあります。
>
> 结尾段：总结全文，从总体上叙述妈妈的特征，表达对妈妈的情感。
>
> 　　　实用词句：生活面、精神面、支える、与える、感謝する
>
> 　　　实用句型：・～母が大好きです。
>
> 　　　　　　　　・母のような～人になりたいです。

写作 10　私の父

　　严肃的爸爸、和蔼的爸爸、幽默的爸爸⋯⋯你的爸爸是怎样一个人呢？他在家庭中扮演了怎样的角色呢？请以「私の父」为题，写一篇短文。

写作要点：

1.描述爸爸的外貌特征。

2.通过具体事例，描述爸爸的性格特征等。

3.说说你对爸爸的情感。

写作要求：

1.字数为300～350字。

2.格式正确，书写清楚。

3.使用「です・ます」体。

★提纲导写★

开头段：概括性地介绍爸爸的年龄、外貌和性格特征。

　　　实用词句：日焼けした顔、責任感が強い、行動力がある、厳しい、ま
　　　　　　　　じめ、穏やか、積極的、頑固、無口

　　　实用句型：・私の父は今年～歳です。

　　　　　　　　・～て～です。

　　　　　　　　・～人です。

主体段：通过具体事例描述爸爸的性格特征，可以写3个左右的事例。

　　　实用词句：忙しい、仕事熱心、腕がいい

　　　实用句型：・父は昔は～でしたが、今は～です。

　　　　　　　　・～を経営しています。

　　　　　　　　・～ことが多いです。

　　　　　　　　・～てくれます。

　　　　　　　　・父と一緒に～てみたいです。

结尾段：总结爸爸的特征，表达对爸爸的情感。

　　　实用词句：頑張る、一生懸命、尊敬する

　　　实用句型：・～ですが、～ます。

写作 11 私の祖母

你的祖母是怎样一个人呢？请以「私の祖母」为题，写一篇短文。

写作要点：

1. 描述祖母的外貌特征。

2. 通过具体事例，描述祖母的性格特征等。

3. 谈谈自己对祖母的情感。

写作要求：

1. 字数为300～350字。

2. 格式正确，书写清楚。

3. 使用「です・ます」体。

★ 提纲导写 ★

开头段：概括性地写出祖母的特征。

　　实用词句：白髪、腰が曲がる、太った、痩せた、弱々しい

　　实用句型：・〜ますが、〜ます。

主体段：通过具体事例描述祖母的性格特征，可以写3个左右的事例。

　　实用词句：世話をする、料理を作る、亡くなる、優しい、悲しい

　　实用句型：・〜てくれたり、〜てくれたりします。

　　　　　　　・〜なりました。

　　　　　　　・私にとっては、〜です。

结尾段：总结全文，从总体上叙述祖母的特征，表达对祖母的情感。

　　实用词句：長生き、元気

　　实用句型：・〜てほしいです。

　　　　　　　・〜祖母が大好きです。

写作 12　私の○○

除了父母，兄弟姐妹是陪伴我们最久的家人。请以「私の○○」为题，写一篇短文。除了亲兄弟、亲姐妹，也可以写堂兄弟、堂姐妹或表兄弟、表姐妹。

写作要点：

1. 简单描述人物的外貌特征。

2. 通过具体事例，描述人物的性格特征等。

3. 说说该人物对你的影响。

写作要求：

1. 字数为300～350字。

2. 格式正确，书写清楚。

3. 使用「です・ます」体。

★提纲导写★

开头段：概括性地写出人物的特征。

　　　实用词句：丸顔、目が大きい、髪が長い、ショートヘア

　　　实用句型：・私より～歳上/下です。

主体段：通过具体事例，描述人物的性格特征等。

　　　实用词句：粘り強い、好奇心旺盛、意志が強い、心が強い、成績がい
　　　　　　　　い、負けず嫌い、楽観的、素直

　　　实用句型：・～を目指して頑張っています。

　　　　　　　　・～ために、～しました。

　　　　　　　　・～時、～ました。

结尾段：总结全文，从总体上叙述人物的特征以及该人物对自己的影响。

　　　实用词句：見習う、頑張る、全力を尽くす、目標を立てる

　　　实用句型：・～を見習って、～ます。

　　　　　　　　・～のような～人になりたいです。

写作 13　家族旅行の思い出（1）

　　　请以「家族旅行の思い出」为题，写一篇有关全家旅行的短文。

写作要点：

1. 简单介绍一次全家人一起去的旅行。

2. 描述旅行中的见闻或令你印象深刻的事情。

3. 谈谈你的感想。

写作要求：

1. 字数为300～350字。

2. 格式正确，书写清楚。

3. 使用「です・ます」体。

★ 提纲导写 ★

开头段：引出话题，介绍一次全家旅行。

　　　实用词句：国慶節、労働節、大都会、首都、憧れる、有名

　　　实用句型：・〜に、家族で〜へ旅行に行ってきました。

主体段：具体描述旅行中的见闻，可以按照旅行的行程来写。

　　　实用词句：故宮、万里の長城、天安門広場、初日、二日目、三日目、
　　　　　　　　　最終日、感動する、満足する、見物する、眺める、登る、
　　　　　　　　　歩く、おいしい、すばらしい、美しい、雄大

　　　实用句型：・〜て〜ました。

　　　　　　　　　・〜へ〜に行きました。

　　　　　　　　　・〜ながら〜ました。

结尾段：总结全文，表达自己的感受。

　　　实用词句：疲れる、楽しい、残念

　　　实用句型：・〜て〜行けませんでした。

　　　　　　　　　・〜たいと思います。

写作 14　家族旅行の思い出 (2)

　　请以「家族旅行の思い出」为题，写一篇有关全家旅行的短文。

写作要点：

1. 简单介绍一次全家人一起去的旅行。
2. 描述旅行中的见闻或令你印象深刻的事情。
3. 谈谈你的感想。

写作要求：

1. 字数为300～350字。
2. 格式正确，书写清楚。
3. 使用「です・ます」体。

★ 提纲导写 ★

开头段：引出话题，介绍一次全家旅行。

　　实用词句：冬休み、夏休み、～日～泊、飛行機、高速鉄道、船

　　实用句型：・～に家族で～へ行きました。

主体段：具体描述旅行中的见闻，可以按照旅行的行程来写。

　　实用词句：外灘、東方明珠塔、豫園、夜景、建築、街並み、お土産を
　　　　　　　　買う、並ぶ、登る、楽しむ、古い、気持ちよい、歴史的

　　实用句型：・～から～を眺めました。

　　　　　　　・～て～ました。

　　　　　　　・初めて～てみたら、～です。

结尾段：总结全文，表达自己的感受。

　　实用词句：充実する、短い、楽しい

　　实用句型：・～でしたが、～でした。

　　　　　　　・～への旅行はとても～です。

写作 15　夏休みの過ごし方

　　暑假里，有人去风景优美的地方感受祖国的大好河山，也有人回老家与亲人团聚，或者和朋友们去游乐场玩个痛快。你的暑假是怎么过的呢？请以「夏休みの過ごし方」为题，写一篇短文。

写作要点：

1. 介绍一下你是如何度过暑假的。
2. 叙述暑假里做的几件主要事情。
3. 谈谈你的感想或看法。

写作要求：

1. 字数为300～350字。
2. 格式正确，书写清楚。
3. 使用「です・ます」体。

★ 提纲导写 ★

开头段：概括性地介绍人们一般是如何度过暑假的。

　　　实用词句：休暇、楽しみ、旅行に行く、実家に帰る、習い事に通う、
　　　　　　　　　　　長い、楽しい

　　　实用句型：・〜人が多いです。

　　　　　　　　　・〜人もいれば、〜人もいます。

主体段：具体叙述自己在暑假的活动以及相应的感受，可以列举三四个事例。

　　　实用词句：宿題、勉強、ゲーム、プール、海、本を読む、テレビを見
　　　　　　　　　　　る、泳ぐ、参加する

　　　实用句型：・〜たり〜たりします。

　　　　　　　　　・〜週に〜回〜ました。

结尾段：总结暑假生活。

　　　实用词句：思い出、楽しい、有意義

　　　实用句型：・〜ましょう。

　　　　　　　　　・〜夏休みを過ごしました。

　　　　　　　　　・とても〜夏休みでした。

写作 16　好きなスポーツ(1)

> 你喜欢的运动项目是什么？请以「好きなスポーツ」为题，写一篇短文。
>
> 写作要点：
> 1.简单叙述你是如何喜欢上这项运动的。
> 2.说说这项运动给你带来的好处和影响。
> 3.谈谈你的感想和看法。
> 写作要求：
> 1.字数为300～350字。
> 2.格式正确，书写清楚。
> 3.使用「です・ます」体。

★ 提纲导写 ★

> 开头段：介绍自己喜欢的一项运动，以及开始的时间、学习的契机等。
>
>   实用词句：サッカー、バスケットボール、テニス、卓球、習う、練習
> する
>
>   实用句型：・～の頃から～を習い始めました。
>
>   ・だんだん～なりました。
>
> 主体段：具体说明这项运动的好处和影响，可以从两三个方面来展开说明。
>
>   实用词句：運動量、チームワーク、体が丈夫になる、体力が上がる、
> 友だちが増える
>
>   实用句型：・～し、～です。
>
>   ・～て、～なりました。
>
>   ・～から～ました。
>
>   ・～ことができます。
>
> 结尾段：总结全文，并表达自己对这项运动的感想和看法。
>
>   实用词句：メリット、得る
>
>   实用句型：・このように、～です。
>
>   ・～から、～たいです。
>
>   ・これからも～を続けようと思います。

写作 17　私の趣味（1）

> 　　课余时间，你最喜欢做什么呢？有什么样的兴趣爱好呢？请以「私の趣味」为题，写一篇短文。
>
> 写作要点：
> 1. 简单说说你形成这项爱好的契机。
> 2. 叙述这项爱好带来的好处。
> 3. 谈谈你的看法。
>
> 写作要求：
> 1. 字数为300～350字
> 2. 格式正确，书写清楚。
> 3. 使用「です・ます」体。

★ 提纲导写 ★

开头段：介绍自己的爱好，并简单说明形成这项爱好的契机。

　　实用词句：読書、山登り、撮影、旅行、きっかけ、映画を見る

　　实用句型：・私の趣味は～です。

　　　　　　　・そのきっかけは～です。

　　　　　　　・～がきっかけになって、～。

主体段：具体叙述这项爱好给自己带来的好处，可以列举三四个事例。

　　实用词句：メリット、養う、鍛える、学ぶ、身につく

　　实用句型：・～ことで～になります。

　　　　　　　・～ことができます。

结尾段：总体概括对这项爱好的看法。

　　实用词句：知識を学ぶ、生活が楽しくなる、人生が豊かになる

　　实用句型：・～ことができるし、～こともできます。

　　　　　　　・～だけでなく、～ます。

写作18　私の趣味(2)

> 　　课余时间，你最喜欢做什么呢？有什么样的兴趣爱好呢？请以「私の趣味」为题，写一篇短文。
>
> 写作要点：
>
> 1.简单说说你形成这项爱好的契机。
>
> 2.叙述这项爱好带来的好处。
>
> 3.谈谈你的看法。
>
> 写作要求：
>
> 1.字数为300～350字。
>
> 2.格式正确，书写清楚。
>
> 3.使用「です・ます」体。

★ 提纲导写 ★

> 开头段：介绍自己的爱好，并简单说明形成这项爱好的契机。
>
> 　　实用词句：楽しさ、魅力、影響を受ける
>
> 　　实用句型：・～が好きです。
>
> 　　　　　　　・それで、～の魅力がわかってきました。
>
> 主体段：具体叙述这项爱好给自己带来的好处，可以列举三四个事例。
>
> 　　实用词句：カメラ、風景、美しさ、思い出、喜び、感動する、味わう
>
> 　　实用句型：・～を楽しみます。
>
> 　　　　　　　・～ことで～ます。
>
> 结尾段：总体概括对这项爱好的看法。
>
> 　　实用词句：日常生活、リラックス、充実する
>
> 　　实用句型：・～てくれます。
>
> 　　　　　　　・これからも～ます。
>
> 　　　　　　　・～を続けたいと思います。

写作 19 私の夢 (1)

> 有人梦想成为医生，有人梦想成为科学家。每个人心中都有一个梦想，你的梦想是什么呢？请以「私の夢」为题，写一篇短文。
>
> 写作要点：
> 1. 简单介绍你的梦想以及拥有这个梦想的契机。
> 2. 叙述你为了实现梦想而采取的行动。
>
> 写作要求：
> 1. 字数为300～350字。
> 2. 格式正确，书写清楚。
> 3. 使用「です・ます」体。

★ 提纲导写 ★

> 开头段：点题，写明自己的梦想是什么，并简单介绍拥有这个梦想的契机。
>
> 　　实用词句：教师、医者、科学者、きっかけ、夢を持つ
>
> 　　实用句型：・～たいです。
>
> 主体段：具体讲述拥有这个梦想背后的故事。
>
> 　　实用词句：魅力、楽しさ、やりがい、助ける、教える、役立つ、憧れる、感動する、面白い、すばらしい
>
> 　　实用句型：・～てくれます。
>
> 　　　　　　　・～おかげで～。
>
> 　　　　　　　・～がきっかけで、～。
>
> 　　　　　　　・～になろうと決めました。
>
> 结尾段：写为了实现这个梦想而采取的具体行动。
>
> 　　实用词句：努力する、実現する
>
> 　　实用句型：・～なければなりません。
>
> 　　　　　　　・～には～が必要です。

写作 20　初めて○○体験

　　从小到大，我们有很多第一次，比如第一次做饭，第一次骑自行车，第一次离开家去住校等。请以「初めて○○体験」为题，写一篇短文。

写作要点：

1. 简单介绍你第一次做某事的经历。
2. 叙述当时的情景。
3. 谈谈你的感受。

写作要求：

1. 字数为300～350字。
2. 格式正确，书写清楚。
3. 使用「です・ます」体。

★ 提纲导写 ★

开头段：介绍自己第一次尝试或体验的事情。

　　　实用词句：料理を作る、自転車に乗る、一人で旅に出る、飛行機に乗る

　　　实用句型：・〜ことになりました。

　　　　　　　　・〜なければなりません。

主体段：具体叙述这次体验的全过程，可以按照事件发展顺序来写。

　　　实用词句：まず、次に、それから、最後に

　　　实用句型：・〜ことにしました。

　　　　　　　　・〜ておきました。

　　　　　　　　・〜てみたら〜ました。

　　　　　　　　・〜から、〜ました。

结尾段：表达这次体验的感受。

　　　实用词句：初めて、大変さ、面白さ、失敗する、成功する、面白い、楽しい

　　　实用句型：・〜が、〜です。

写作 21　今一番ほしいもの

你现在最想要的东西是什么？请以「今一番ほしいもの」为题，写一篇
短文。

写作要点：

1. 介绍你现在最想要的某件东西。

2. 说明理由。

3. 总结全文。

写作要求：

1. 字数为300～350字。

2. 格式正确，书写清楚。

3. 使用「です・ます」体。

★ 提纲导写 ★

开头段：点明自己现在最想要的东西，可以是学习用品、书籍、玩具等。

　　　实用词句：電子辞書、ゲーム機、自転車、カメラ

　　　实用句型：・私が一番ほしいものは～です。

主体段：具体说明想要这件东西的原因。

　　　实用词句：軽い、重い、便利、必要、好き、大変、助かる、役立つ

　　　实用句型：・～ことができます。

　　　　　　　　・～だけでなく、～もできます。

　　　　　　　　・～ですから、～。

　　　　　　　　・～し、～です。

结尾段：说说打算如何获得这件东西等。

　　　实用词句：値段、お小遣い、高い、頑張る、決める、約束する、必ず

　　　实用句型：・～ために、～ます。

　　　　　　　　・～がほしいですが、～。

写作 22　好きな食べ物

　　"民以食为天"，我们每天都会吃很多食物。你喜欢的食物是什么？请以「好きな食べ物」为题，写一篇短文。

写作要点：

1. 介绍你喜欢的一种食物。

2. 说说喜欢这种食物的原因。

3. 谈谈你的感想。

写作要求：

1. 字数为300～350字。

2. 格式正确，书写清楚。

3. 使用「です・ます」体。

★ **提纲导写** ★

开头段：点明自己喜欢的一种食物。

　　　实用词句：水ギョーザ、カレーライス、お鍋、マーボー豆腐、チーズ
　　　　　　　　　　ケーキ、チョコレート、いちご、アイスクリーム

　　　实用句型：・私が好きな食べ物は～です。

主体段：叙述自己喜欢这种食物的原因，可以通过具体的事情来叙述。

　　　实用词句：食感、手作り、おいしい、伝統的、幸せ、心が温まる

　　　实用句型：・～て、～です。

　　　　　　　　・～時、いつも～を食べます。

结尾段：表达自己的感想。

　　　实用词句：懐かしい、恋しい

　　　实用句型：・～と、～が食べたくなります。

　　　　　　　　・～の味が忘れられないです。

写作 23　一番好きな花

　　每个人都有自己喜欢的花，如百合花（ゆり）、玫瑰花（バラ）、牵牛花（朝顔）、樱花（桜）、菊花（菊）等。你最喜欢什么花呢？请以「一番好きな花」为题，写一篇短文。

写作要点：

1. 简单介绍你最喜欢的一种花。

2. 叙述你喜欢这种花的理由。

3. 说说你的感想。

写作要求：

1. 字数为300～350字。

2. 格式正确，书写清楚。

3. 使用「です・ます」体。

★ 提纲导写 ★

开头段：介绍自己最喜欢的一种花。

　　　实用词句：公園、ベランダ、育てる、栽培する、初めて

　　　实用句型：・私の一番好きな花は〜です。

主体段：说明自己喜欢这种花的原因，可以叙述与之相关的故事等。

　　　实用词句：花束、葉、茎、見頃、花言葉、勇気、元気、気持ち、明るい、咲く、気に入る、贈る

　　　实用句型：・〜て、〜花です。

　　　　　　　　・それ以来、〜が好きになりました。

结尾段：表达自己的感想。

　　　实用词句：支える、応援する、励ます

　　　实用句型：・〜時に、〜を贈ろうと思います。

　　　　　　　　・〜を見ると、〜ます。

写作 24　一番好きな場所

　　每个人都有自己喜欢待的地方，比如公园的草坪、学校的图书馆或者操场等。这个地方可能毫不起眼，但对你来说意义非凡。请以「一番好きな場所」为题，写一篇短文。

写作要点：

1.简单介绍你最喜欢待的一个地方。

2.说说你喜欢这个地方的理由。

3.说说你的感想。

写作要求：

1.字数为300～350字。

2.格式正确，书写清楚。

3.使用「です・ます」体。

★提纲导写★

开头段：介绍自己最喜欢待的一个地方，并进行简单的描述。

　　　实用词句：学校、近所、図書館、運動場、公園、芝生

　　　实用句型：・～ですが、～場所です。

主体段：具体描述这个地方，并通过叙述在这个地方发生过的事情来说明喜欢的理由。

　　　实用词句：不安、気分転換、明るい、静か、緑豊か、落ち込む

　　　实用句型：・～て、～ていました。

　　　　　　　・～と、～ました。

　　　　　　　・～ようになりました。

结尾段：总结全文，表达自己的感想。

　　　实用词句：癒し、空間、落ち着く、前向きになる

　　　实用句型：・～にとって、～です。

　　　　　　　・～は～であり、～です。

写作 25　思い出の場所

> 　　每个人都有一个充满回忆的地方，如小时候常去的公园，度过童年的乡村等。请以「思い出の場所」为题，写一篇短文。
>
> 写作要点：
>
> 1. 介绍一个对你来说充满回忆的地方。
> 2. 说说曾经在那里做过的事情或者发生的事情等。
> 3. 谈谈你的感想。
>
> 写作要求：
>
> 1. 字数为300～350字。
> 2. 格式正确，书写清楚。
> 3. 使用「です・ます」体。

★ 提纲导写 ★

> 开头段：简单介绍自己要写的地方。
>
> 　　　实用词句：郊外、近所、村、田舎、山、川、湖、森、芝生、遊び場
>
> 　　　实用句型：・～の頃、～ていました。
>
> 　　　　　　　　・～に～がありました。
>
> 主体段：回忆自己曾经在这个地方做过的事情，如玩过的游戏等。
>
> 　　　实用词句：景色、水遊び、昆虫、楽しみ、泳ぐ、眺める、太陽の光を
> 　　　　　　　　浴びる、蝶を捕らえる
>
> 　　　实用句型：・～たり、～たりしました。
>
> 　　　　　　　　・～たこともあります。
>
> 　　　　　　　　・～になると、～のが楽しみでした。
>
> 结尾段：讲述该地方的变化，并表达自己的感想。
>
> 　　　实用词句：工場、高速道路、一生、いつまでも、開発する、埋める、
> 　　　　　　　　引っ越す、思い出がいっぱいつまる
>
> 　　　实用句型：・～になりました。

写作 26　私の国

作为一名中国人，你会怎样介绍祖国呢？请以「私の国」为题，写一篇短文。

写作要点：

1. 简述你心目中的祖国。

2. 具体描述祖国的特点。

3. 说说你的感想。

写作要求：

1. 字数为300～350字。

2. 格式正确，书写清楚。

3. 使用「です・ます」体。

★ **提纲导写** ★

开头段：简述中国的地理位置、人口、国土面积等概况。

　　　实用词句：東アジア、人口、国土、歴史

　　　实用句型：・～に位置しています。

　　　　　　　　・～し、～ます。

主体段：具体描述祖国的特点，可以结合自身的经历，从国土辽阔、景色优美、文化丰富、科技发达等方面来写。

　　　实用词句：草原、山、森林、川、湖、文化財、風習、観光地、経済、科学技術、高速鉄道、電気自動車、人工知能、宇宙開発、成長する、目覚ましい、壮大、急速

　　　实用句型：・～には～が存在します。

　　　　　　　　・～だけでなく、～も～。

结尾段：表达感想，如对祖国的热爱，想把祖国的美好传达给更多的人等。

　　　实用词句：良さ、愛する、伝える、願う

　　　实用句型：・～たいです。

　　　　　　　　・～を誇りに思います。

三、社会热点类题材

写作 27　オンライン授業

> 　　上网课不受时间和空间的限制，受到了很多人的欢迎。但是，也有人担心上网课的学习效果不好。请以「オンライン授業」为题，写一篇短文。
>
> 写作要点：
>
> 1. 叙述自己或身边的人上网课的体验。
>
> 2. 谈谈上网课的利弊。
>
> 3. 说说你的看法。
>
> 写作要求：
>
> 1. 字数为300～350字。
>
> 2. 格式正确，书写清楚。
>
> 3. 使用「です・ます」体。

★ 提纲导写 ★

> 开头段：可以以自身经历引出上网课这一话题。
>
> 　　实用词句：新型コロナウイルス、教室に通う、行う、面白い、新鮮
>
> 　　实用句型：・〜ために〜ました。
>
> 　　　　　　　・〜ので、〜ことになりました。
>
> 主体段：论证上网课的利与弊，可以写两三个论点。
>
> 　　实用词句：メリット、デメリット、インターネット、集中力、学習効果、対面授業、影響が出る、授業を受ける、効率的
>
> 　　实用句型：・〜。その一方で、〜。
>
> 　　　　　　　・〜ので、〜ことができます。
>
> 　　　　　　　・〜し、〜ます。
>
> 结尾段：总结全文，并表达自己的观点。
>
> 　　实用词句：それぞれ、場合、両方、活用する、工夫する
>
> 　　实用句型：・〜ほうがいいと思います。
>
> 　　　　　　　・〜ましょう。

写作 28　大気汚染について

人類社会的发展给自然环境带来了很大的影响，其中，大气污染问题尤为严重。请以「大気汚染について」为题，写一篇短文。

写作要点：

1. 说说人类活动与大气污染的关系。
2. 谈谈造成大气污染的原因以及它引起的危害。
3. 叙述我们能为保护大气环境做什么。

写作要求：

1. 字数为300～350字。
2. 格式正确，书写清楚。
3. 使用「です・ます」体。

★提纲导写★

开头段：指出大气污染日益严重的问题。

　　实用词句：経済、発展する、豊か、深刻、ますます

　　实用句型：・〜に伴い、〜。

　　　　　　　・〜につれて、〜。

　　　　　　　・〜なってきました。

主体段：具体分析造成大气污染的原因，以及大气污染的危害。

　　实用词句：工場、自動車、煙、排気ガス、病気、エネルギー、対策、
　　　　　　　排出する、発生する、刺激する、影響を与える、防ぐ、減
　　　　　　　らす、環境に優しい、主、様々

　　实用句型：・〜原因として、〜が挙げられます。

　　　　　　　・〜ために〜ています。

　　　　　　　・〜たり〜たりします。

结尾段：指出防止大气污染的具体方式。

　　实用词句：個人、一人ひとり、行動、大切、できるだけ

　　实用句型：・〜ようにしましょう。

　　　　　　　・〜ことが大切だと思います。

写作 29　水を大切にしよう

水是生命之源。没有水，不仅我们人类无法生存，大自然中的动植物都将无法生存。但日常生活中也有很多浪费水的现象。请以「水を大切にしよう」为题，写一篇短文。

写作要点：

1. 说说节约用水的重要性。

2. 谈谈日常生活中如何节约用水。

写作要求：

1. 字数为300～350字。

2. 格式正确，书写清楚。

3. 使用「です・ます」体。

★ 提纲导写 ★

开头段：指出水的重要性。

　　　实用词句：人間、生物、地球、資源、欠かせない、なくてはならない、大切

　　　实用句型：・～にとって～。

　　　　　　　　・～だけでなく、～。

主体段：具体阐述缺水所带来的危害。

　　　实用词句：世界中、水不足、農作物、食糧不足、汚れる、引き起こす、深刻

　　　实用句型：・～人も多いです。

　　　　　　　　・～ことがあります。

结尾段：叙述如何节约用水。

　　　实用词句：歯磨き、シャワー、洗濯、日頃、普段、節水、心掛ける、注意する

　　　实用句型：・～なければなりません。

　　　　　　　　・～ほうがいいです。

　　　　　　　　・～べきです。

　　　　　　　　・～ましょう。

写作30　自然を守ろう

　　大自然是我们人类赖以生存的基础，而自然环境因为我们人类的活动遭受了很大的破坏。请以「自然を守ろう」为题，写一篇短文。

写作要点：

1. 说说大自然与人类的关系。
2. 叙述我们应该如何保护自然。
3. 总结你的看法。

写作要求：

1. 字数为300～350字。
2. 格式正确，书写清楚。
3. 使用「です・ます」体。

★提纲导写★

开头段：指出大自然对人类的重要性。

　　实用词句：必要、衣食住、恩恵、生態系、生きる、構成する

　　实用句型：・～てくれます。

　　　　　　　・～なければ、～ません。

　　　　　　　・～ので、～なければなりません。

主体段：具体叙述我们为保护自然可以采取哪些措施。

　　实用词句：意識、身近、日常生活、省エネ、家電製品、レジ袋、マイ
　　　　　　　バッグ、公共交通機関、影響を与える、行動する、利用す
　　　　　　　る、移動する

　　实用句型：・～ことが大切です。

　　　　　　　・～ましょう。

结尾段：总结全文。

　　实用词句：努力、共存する

　　实用句型：・～には～が必要です。

　　　　　　　・～のではないかと思います。

写作 31 家庭内の食品安全について

> 我们经常会在新闻中看到有关食品安全的问题，对此你有什么看法？请以「家庭内の食品安全について」为题，写一篇短文。
>
> 写作要点：
>
> 1.谈谈你对家庭中的食品安全的认识。
>
> 2.阐述日常生活中应该注意的事项。
>
> 3.总结全文。
>
> 写作要求：
>
> 1.字数为300～350字。
>
> 2.格式正确，书写清楚。
>
> 3.使用「です・ます」体。

★ 提纲导写 ★

> 开头段：引出食品安全的话题。
>
>   实用词句：食中毒、ニュース、耳にする
>
>   实用句型：・～に関する～。
>
> 主体段：结合生活中的例子，阐述有关食品安全的注意事项等。
>
>   实用词句：健康、無添加、栄養成分、バランス、食材、包丁、まな板、賞味期限、守る、高める、選ぶ、使い分ける、処分する、加熱する、腐る
>
>   实用句型：・～ことがあります。
>
>   ・～には、～なければなりません。
>
>   ・～ことが重要です。
>
> 结尾段：倡导大家注意食品安全。
>
>   实用词句：気をつける、注意する、心掛ける
>
>   实用句型：・～ましょう。

写作 32　広場ダンスについて

　　　跳广场舞既可以锻炼身体，也可以缓解压力、扩大交际圈，是中老年人热衷的一项活动。但广场舞导致的噪声等问题也常被人诟病。请以「広場ダンスについて」为题，写一篇短文。

写作要点：

1. 结合自己或者身边人的经历，阐述广场舞的优缺点。

2. 表明你的看法。

写作要求：

1. 字数为300～350字。

2. 格式正确，书写清楚。

3. 使用「です・ます」体。

★ 提纲导写 ★

开头段：引出话题，简述广场舞流行的现状。

　　　实用词句：中高年、広場、社会現象、音楽、リズム、集まる、踊る、流行る

　　　实用句型：・～となっています。

主体段：通过具体事例来阐述广场舞的优缺点。

　　　实用词句：運動、心身、騒音、音量、トラブル、体を動かす、汗を流す、友だちが増える、影響を与える、楽しむ、健康にいい

　　　实用句型：・～ことができます。

　　　　　　　　・～そうです。

结尾段：表明自己的看法，如跳广场舞的同时，注意音量问题，遵守规则等。

　　　实用词句：思いやり、ルールを守る、気をつける

　　　实用句型：・～ほうがいいと思います。

写作 33　ウィーチャットと私たちの生活

微信（ウィーチャット）是我们生活中经常使用的一款社交软件，人们常常用微信联系他人，在朋友圈（モーメンツ）分享照片等，还使用微信支付（ウィーチャットペイ）进行购物。请以「ウィーチャットと私たちの生活」为题，写一篇短文。

写作要点：

1. 简述微信与我们日常生活的关联。

2. 阐述使用微信的利与弊。

3. 谈谈自己的看法。

写作要求：

1. 字数为300～350字。

2. 格式正确，书写清楚。

3. 使用「です・ます」体。

★ 提纲导写 ★

开头段：引出话题，简述微信在日常生活中的普及。

　　实用词句：普及する、使う、欠かせない、ほぼ、ほとんど

　　实用句型：・毎日〜ています。

主体段：阐述使用微信的利与弊，阐述"利"的篇幅可以占一半以上，说明微信的功能以及它为生活带来的便利等，再花少量篇幅介绍其弊端。

　　实用词句：アプリ、機能、モーメンツ、コメント、コミュニケーション、ウィーチャットペイ、決済、連絡を取る、投稿する、夢中になる

　　实用句型：・〜て、便利です。

　　　　　　　・〜ことができます。

　　　　　　　・その一方で、〜。

　　　　　　　・〜人もいます。

结尾段：总结全文，说明自己对使用微信的看法。

　　实用词句：長時間、無駄、合理的、心掛ける

　　实用句型：・〜ですが、〜。

　　　　　　　・〜から、〜ましょう。

写作 34　個人旅行とツアー旅行

　　去旅行时，有人喜欢自由行，有人喜欢跟团游。你喜欢哪种方式呢？请以「個人旅行とツアー旅行」为题，写一篇短文。

写作要点：

1. 阐述自由行的优缺点。

2. 阐述跟团游的优缺点。

3. 说说你的选择。

写作要求：

1. 字数为300～350字。

2. 格式正确，书写清楚。

3. 使用「です・ます」体。

★ 提纲导写 ★

开头段：简述去旅行时有人选择自由行，有人选择跟团游的这一现状。

　　　实用词句：豊か、増える、選ぶ

　　　实用句型：・～につれて、～てきました。

　　　　　　　　・～人もいれば、～人もいます。

主体段：阐述自由行和跟团游各自的优缺点。

　　　实用词句：交通手段、旅行のルート、旅行計画、スケジュール、宿泊
　　　　　　　　先、予約、語学力、旅行会社、効率がいい、自由気まま

　　　实用句型：・～なければなりません。

　　　　　　　　・～ので、～。

　　　　　　　　・それに対して、～。

结尾段：说明自己去旅行时是如何选择的。

　　　实用词句：国内旅行、海外旅行、よく、たまに

　　　实用句型：・～にします。

四、应用文与图表类作文

写作 35　田中さんへのメール

　　假如你是李明，铃木老师通知大家下周一将有一场日语考试，你的同学田中今天因为感冒没来学校。请你给他发一封通知邮件，邮件包含以下内容。

1. 通知日语考试的时间是下周一上午9点到11点，地点是第2教室。
2. 不能带词典和教科书进入考场，可以带文具和手表。
3. 必须在考试开始15分钟之前入场，而且在听力考试期间（9点到9点20分）不能离开考场。
4. 如果不能参加考试，最晚这周五要给老师打电话或者发邮件请假。

写作要点：
1. 告知写邮件的原因。
2. 表述清楚以上4项内容。

写作要求：
1. 字数为300~350字。
2. 格式正确，书写清楚。
3. 使用「です・ます」体。

★提纲导写★

开头段：寒暄，并表明写邮件的原因。
主体段：将题目中给出的信息表述清楚。
　　　实用词句：お知らせ、会場、文房具、腕時計、持ち込む、連絡する
　　　实用句型：・～ことができます。
　　　　　　　　・～なければなりません。
　　　　　　　　・～てはいけません。
　　　　　　　　・～までに～。
　　　　　　　　・～てください。
结尾段：寒暄语。

写作 36　山本さんへのメール

　　假如你是王小华，下周将举办年末联欢会，你的朋友山本也将参加。请你给他发一封邮件，邮件包含以下内容。

1. 举办年末联欢会的时间是12月29日晚上6点到8点半，地点是学校附近的西餐厅「ロイヤル・カフェ」，已经预订好了包房（個室）。
2. 最终确定参加的人数是15人，留学生科（留学生課）的陈老师也将参加。
3. 每个人需要讲几句话，可以说说这一年印象最深刻的事情或者明年的目标等。费用（会费）由大家共同承担，由"我"先垫付。
4. 如果当天临时有事不能出席的话，请打电话联系"我"。

写作要点：
1. 告知写邮件的原因。
2. 表述清楚以上4项内容。

写作要求：
1. 字数为300～350字。
2. 格式正确，书写清楚。
3. 使用「です・ます」体。

★提纲导写★

开头段：寒暄，并表明写邮件的原因。
　　实用词句：忘年会、决まる、連絡する
　　实用句型：・お/ご～します。
主体段：将题目中给出的信息表述清楚。
　　实用词句：個室、人数、出席する、予約を入れる、印象に残る、負担する、支払う、精算する
　　实用句型：・お/ご～になります。
　　　　　　　・～ことになりました。
结尾段：寒暄语。

写作 37　山田さんへのメール

　　假如你是李明，学校组织的郊游因为天气原因延期了。请你给留学生山田发一封通知邮件，邮件包含以下内容。

1. 天气预报说周六会下雨，周日早上开始天晴，所以郊游由周六改成周日了，时间是早上8点，在校门口集合。
2. 郊游的目的地是杜鹃山（ツツジ山）。杜鹃山因为杜鹃花而有名，现在正值盛开时节。喜欢摄影的话，建议携带相机。
3. 建议穿便于行动的服装和运动鞋（運動靴），水不需要自带，会统一发放。午餐可以自己带便当，也可以在公园内的便利店购买。
4. 如果当天临时有事不能参加，请发邮件联系"我"。

写作要点：
1. 告知写邮件的原因。
2. 表述清楚以上4项内容。

写作要求：
1. 字数为300～350字。
2. 格式正确，书写清楚。
3. 使用「です・ます」体。

★提纲导写★

开头段：寒暄，并表明写邮件的原因。
　　　　实用词句：遠足、天気予報、変更
　　　　实用句型：・～によると、～そうです。
主体段：将题目中给出的信息表述清楚。
　　　　实用词句：満開、集まる、持参する
　　　　实用句型：・～ことで有名です。
　　　　　　　　　・～てもいいです。
结尾段：寒暄语。

写作 38　小学生のお小遣いについて

　　某调查公司对日本小学生一个月的零花钱金额做了一次调查。下表是此次调查的统计结果，图表中显示了出现最频繁的数（最频值）、平均数（平均值）以及中位数（中央值）。请根据图表所提供的信息和写作要点，以「小学生のお小遣いについて」为题，写一篇短文。

小学生の1か月のお小遣い額

	最頻値	平均値	中央値
低学年	500 円	1,004 円	500 円
中学年	500 円	864 円	500 円
高学年	500 円	1,085 円	1,000 円

写作要点：

1. 对表中的数据做一简单综述。

2. 谈谈你对小学生使用零花钱的看法。

3. 总结你的看法。

写作要求：

1. 字数为300～350字。

2. 格式正确，书写清楚。

3. 使用「です・ます」体。

★ 提纲导写 ★

开头段：介绍调查的主体、对象以及内容。

　　　实用词句：調査会社、お小遣い、金額、調査を行う

　　　实用句型：・〜について〜。

　　　　　　　　・〜を対象に〜。

主体段：详细描述图表的信息，并发表对小学生使用零花钱的看法。

　　　实用词句：メリット、お菓子、文房具、買い物、価値、渡す、体験する、節約する、貯金する

　　　实用句型：・〜ということがわかりました。

　　　　　　　　・〜ようになります。

结尾段：补充阐述使用零花钱的注意事项等。

　　　实用词句：無駄遣い、記録する、もちろん、確かに

　　　实用句型：・〜ことは大事です。

Unit 2　写作提高训练

一、校园生活类题材

写作 39　習い事について

> 　　现在很多人从幼儿园阶段就开始学习各种才艺，如唱歌、跳舞、画画、乐器、体育等，有的人甚至同时学习多种才艺。你对此有何看法？请以「習い事について」为题，写一篇短文。
>
> 写作要点：
> 1. 简述你身边的人和你自己学习才艺的情况。
> 2. 表明你的看法。
> 3. 说明你的理由。
>
> 写作要求：
> 1. 字数为300～350字。
> 2. 格式正确，书写清楚。
> 3. 使用「です・ます」体。

★提纲导写★

> 开头段：简述现在的孩子学习才艺的情况，并表明自己对于学习才艺的看法。
> 　　实用词句：増える、習い事に通う、多い、豊か
> 　　实用句型：・～ています。
> 　　　　　　　・～と思います。
> 主体段：叙述具体事例来论证学习才艺的好处。
> 　　实用词句：体力、チームワーク、趣味、鍛える、学ぶ、風邪を引く、
> 　　　　　　　友だちが増える、体が弱い、丈夫、上手
> 　　实用句型：・～から、～ました。
> 　　　　　　　・～ことで～なると思います。
> 　　　　　　　・～を通して、～ができます。
> 结尾段：补充论述学习才艺的问题点，并总结我们应该如何对待。
> 　　实用词句：時間、状況、お金、選ぶ、合わせる、無理
> 　　实用句型：・～し、～ます。
> 　　　　　　　・～ないで～します。
> 　　　　　　　・ですから、～ほうがいいと思います。

写作 40　運動会の思い出

　　　一年一度的运动会是学生时代最快乐的活动之一，操场上留下了我们很多美好的回忆。请以「運動会の思い出」为题，写一篇短文。

写作要点：

1. 介绍令你印象深刻的一次运动会。

2. 叙述你在这次运动会中的经历。

3. 说说你的感想。

写作要求：

1. 字数为300～350字。

2. 格式正确，书写清楚。

3. 使用「です・ます」体。

★ 提纲导写 ★

开头段：引出话题，介绍某一次运动会。

　　　实用词句：小学校、中学校、高校、行う

　　　实用句型：・〜ます。

　　　　　　　　・〜のは〜です。

主体段：具体叙述那次运动会的情景，可以对自己参加的某个项目进行细节
　　　　描写，并表达自己当时的感想。

　　　实用词句：勇気を出す、選ぶ、参加する、走る、応援する、頑張る、
　　　　　　　　励ます、残念、悔しい、うれしい

　　　实用句型：・〜てくれました。

　　　　　　　　・〜ましたが、〜ました。

　　　　　　　　・〜てうれしかったです。

结尾段：总结全文，将感想、观点进行升华。

　　　实用词句：一体感、チームワーク、結果、挑戦、大事

　　　实用句型：・〜を通じて〜。

　　　　　　　　・〜がきっかけで〜。

　　　　　　　　・〜より〜が大事です。

　　　　　　　　・〜ようになりました。

写作 41　一番好きな授業

在学校里，我们每天都要上很多课。你最喜欢上什么课？请以「一番好きな授業」为题，写一篇短文。

写作要点：

1. 说说你最喜欢上什么课。

2. 叙述你喜欢上这门课的原因。

3. 谈谈你的感受。

写作要求：

1. 字数为300～350字。

2. 格式正确，书写清楚。

3. 使用「です・ます」体。

★ 提纲导写 ★

开头段：点明自己最喜欢的是哪一门课。

　　实用词句：一番、最も、語学、数学、物理、化学、歴史、地理、生物

　　实用句型：・～は～です。

主体段：通过具体描述上课的情景来说明自己为什么喜欢上这门课。

　　实用词句：担当する、教える、解説する、覚える、理解する、難しい、面白い、楽、特別

　　实用句型：・～てくれます。

　　　　　　　・～について～。

　　　　　　　・～ことができます。

　　　　　　　・～ながら～ます。

结尾段：总结全文，写出自己上这门课的收获以及感想。

　　实用词句：興味、楽しみ、知識を学ぶ、得る

　　实用句型：・～し、～ます。

　　　　　　　・～だけでなく、～です。

写作 42　ゲームについて

　　随着智能手机的普及，玩游戏的人也越来越多，其中包括很多学生。有人认为学生绝对不能接触电子游戏，会影响学习，但也有人认为适当玩游戏可以放松心情，缓解压力。请你从学生的角度出发，以「ゲームについて」为题，写一篇短文。

写作要点：

1. 表明你的观点。

2. 阐述你的理由，说说游戏对青少年的影响。

3. 总结全文。

写作要求：

1. 字数为300～350字。

2. 格式正确，书写清楚。

3. 使用「です・ます」体。

★提纲导写★

开头段：介绍青少年玩游戏的现状，并表明自己的观点。

　　　实用词句：ネットゲーム、依存症、新聞記事、青少年

　　　实用句型：・～に伴い、～ます。

　　　　　　　　・～てきました。

　　　　　　　　・～によると、～そうです。

　　　　　　　　・～に反対です。

主体段：具体阐述理由，建议写3个理由。

　　　实用词句：勉強、授業、宿題、深夜、視力、睡眠不足、居眠り、集中する、低下する、夢中になる

　　　实用句型：・～に影響が出ます。

　　　　　　　　・～ばかりします。

　　　　　　　　・～につながります。

结尾段：补充说明玩游戏的一些益处，并强调自己的观点。

　　　实用词句：確かに、もちろん、ストレス発散、リラックス、効果がある

　　　实用句型：・～はやはり～ほうがいいと思います。

　　　　　　　　・確かに、～ます。しかし、～。

　　　　　　　　・～から、～と思います。

写作 43　これから頑張りたいこと

生活和学习中，有没有什么事情是你接下来想努力改变或者提高的？请以「これから頑張りたいこと」为题，写一篇短文。

写作要点：

1.简述你接下来想要努力做的事情。

2.叙述你将采取的具体行动或方法。

3.说说你的感想。

写作要求：

1.字数为300～350字。

2.格式正确，书写清楚。

3.使用「です・ます」体。

★ 提纲导写 ★

开头段：引出自己接下来想要努力做的事情，如提高某一门课的成绩，或者改变生活中某些不好的习惯等。

　　实用词句：成績、勉強、習慣、努力する、頑張る、変える、決心する

　　实用句型：・～たいと思います。

主体段：叙述将采取的具体行动或方法。

　　实用词句：方法、アドバイス、相談する、役立つ、身につける

　　实用句型：・～たいです。

　　　　　　　・～てくれました。

结尾段：表达自己的感想或总结观点。

　　实用词句：上げる、上達する、改善する、少しずつ、これから、将来

　　实用句型：・～ために、～。

　　　　　　　・きっと～と思います。

写作 44　大学受験が終わったら

　　高中阶段的学习忙碌又紧张。高考结束后，你有哪些想做的事情呢？请以「大学受験が終わったら」为题，写一篇短文。

写作要点：

1.简述现在的学习和生活状态。

2.谈谈高考后自己的打算或计划等。

3.总结全文。

写作要求：

1.字数为300～350字。

2.格式正确，书写清楚。

3.使用「です・ます」体。

Step 2　Unit 2

★ 提纲导写 ★

开头段：简单描述目前的状态，并概述高考结束后的打算。

　　实用词句：頑張る、忙しい、いっぱい、たくさん

　　实用句型：・今～ています。

　　　　　　　・～たら、～たいです。

主体段：具体叙述高考结束后想做的事情。

　　实用词句：旅行、カラオケ、バスケットボール、家事、離れ離れ、大学入学、思い出を作る、手伝う、準備する

　　实用句型：・～たいと思っています。

　　　　　　　・～から、～たいです。

结尾段：表明自己为了实现上面提及的各种想法和愿望将做出哪些努力。

　　实用词句：無事、受かる、終える

　　实用句型：・～ように、～頑張ります。

　　　　　　　・～ばいいと思います。

写作 45　寄宿と通学

进入中学后，有的人选择住校（寄宿），有的人选择走读（通学）。请以「寄宿と通学」为题，写一篇短文。

写作要点：

1. 阐述寄宿的优缺点。

2. 阐述走读的优缺点。

3. 说说你的选择及理由

写作要求：

1. 字数为300～350字。

2. 格式正确，书写清楚。

3. 使用「です・ます」体。

★ 提纲导写 ★

开头段：引出寄宿与走读这两种方式。

　　实用词句：学生寮、選ぶ、自由

　　实用句型：・～ことができます。

主体段：阐述寄宿和走读的优缺点。

　　实用词句：自習する、時間を節約する、時間がかかる、サポートする、相談する、多い、少ない、厳しい、寂しい、楽

　　实用句型：・～てもらえます。

　　　　　　　・～てくれて楽です。

　　　　　　　・一方、～。

　　　　　　　・～も～も～ます。

结尾段：说明自己更倾向于选择哪一种方式，并简单说明理由。

　　实用词句：手料理、落ち着く、確保する、できるだけ

　　实用句型：・～し、～ので、～ています。

写作 46　高校生活を振り返って

　　　三年的高中生活，肯定有很多令人难忘的事情，既有快乐、美好的时光，也有苦闷、懊恼的时光。请以「高校生活を振り返って」为题，写一篇短文。

写作要点：

1. 总体回顾高中生活。
2. 叙述令你印象深刻的两三件事情。
3. 说说你的感想。

写作要求：

1. 字数为300～350字。
2. 格式正确，书写清楚。
3. 使用「です・ます」体。

★提纲导写★

开头段：对高中生活进行总体概述。

　　实用词句：卒業、思い出

　　实用句型：・～まで～しかないです。

主体段：具体叙述高中生活中的两三件令你印象深刻的事情。

　　实用词句：成績、スポーツ、悩む、教える、改善する、上がる、上達する、学ぶ、出会う

　　实用句型：・～時/頃、～ました。

　　　　　　　・～を通じて、～ました。

　　　　　　　・～だけでなく、～。

　　　　　　　・～のは、～思い出です。

结尾段：表达自己对高中生活的感想。

　　实用词句：楽しい、忙しい、充実する、過ごす

　　实用句型：・～てきたと思います。

二、日常生活类题材

写作47　私の友だち

在成长过程中，我们会结识很多人，也会与其中一些人成为朋友。请以「私の友だち」为题，写一篇短文。

写作要点：

1. 介绍你的朋友。
2. 叙述你们成为朋友的契机。
3. 说说朋友的性格特征以及他/她对你的影响。

写作要求：

1. 字数为300～350字。
2. 格式正确，书写清楚。
3. 使用「です·ます」体。

★ 提纲导写 ★

开头段：引出自己想要写的一位朋友，可以简单介绍人物姓名、外貌和性格
　　　　特征等。

　　实用词句：眼鏡をかける、髪が長い/短い、背が高い/低い、元気、前
　　　　　　　向き、外向的、内向的、無口

　　实用句型：・～て、～人です。

　　　　　　　・私より～歳上/下です。

主体段：叙述你们是如何成为朋友的，并通过具体事例来体现该人物的性格
　　　　特征。

　　实用词句：知り合う、話しかける、仲良い、親切、手伝う、最初、だ
　　　　　　　んだん

　　实用句型：・～を通じて、～。

　　　　　　　・～たら、～ました。

　　　　　　　・～くれたり、～くれたりしました。

结尾段：总结人物特征，表达自己的感想等。

　　实用词句：努力する、頑張る、見習う、優しい、熱心、前向き、優秀

　　实用句型：・～て、～人です。

　　　　　　　・～たいと思います。

写作 48　ペットを飼うことについて

> 　　现在养宠物的人越来越多了。你是如何看待养宠物这件事情的呢？请「ペットを飼うことについて」为题，写一篇短文。
>
> 写作要点：
> 1. 说说你对养宠物的看法。
> 2. 列举事例说明你的理由。
> 3. 总结看法。
> 写作要求：
> 1. 字数为300～350字。
> 2. 格式正确，书写清楚。
> 3. 使用「です・ます」体。

★提纲导写★

> 开头段：引出养宠物的人越来越多这一现状，并表明自己的看法。
>
> 　　实用词句：健康、友だち、増える、触れ合う、影響を与える
>
> 　　实用句型：・～ことは～ます。
>
> 　　　　　　　・～そうです。
>
> 　　　　　　　・～と思います。
>
> 主体段：通过具体事例来论证自己的观点，可以是自己养宠物的经历，也可以是身边的朋友或亲戚养宠物的经历。
>
> 　　实用词句：犬、猫、毛色、存在、そば、尻尾を振る、吠える、連れる、世話をする、落ち着く、気持ちが晴れる、可愛い、目が大きい/小さい、真っ白
>
> 　　实用句型：・～ように～。
>
> 　　　　　　　・～と、～ます。
>
> 　　　　　　　・～ことで～ます。
>
> 　　　　　　　・～てくれます。
>
> 结尾段：补充说明养宠物的一些问题，并强调自己的观点。
>
> 　　实用词句：お金、時間、病気、日常生活、楽しい、豊か
>
> 　　实用句型：・～には～がかかります。
>
> 　　　　　　　・～ますが、～ます。

写作 49　家族旅行の思い出（3）

> 请以「家族旅行の思い出」为题，写一篇有关全家旅行的短文。

写作要点：

1.简单介绍一次全家人一起去的旅行。

2.描述旅行中的见闻或令你印象深刻的事情。

3.谈谈你的感想。

写作要求：

1.字数为300～350字。

2.格式正确，书写清楚。

3.使用「です・ます」体。

★ 提纲导写 ★

开头段：引出话题，介绍一次全家旅行。

　　　实用词句：連休、休日、休み、日帰り旅行

　　　实用句型：・～に行ってきました。

主体段：具体描述旅行中的见闻，可以按照旅行的行程来写。

　　　实用词句：観光スポット、お寺、湖面、鯉、遊覧船、散策する、楽し
　　　　　　　　む、感動する、独特、大満足

　　　实用句型：・～ながら、～ました。

　　　　　　　　・～て、～でした。

结尾段：对这次旅行做出总结。

　　　实用词句：季節、違う

　　　实用句型：・～たいです。

写作 50　家族旅行の思い出 (4)

　　　请以「家族旅行の思い出」为题，写一篇有关全家旅行的短文。
写作要点：
1. 简单介绍一次全家人一起去的旅行。
2. 描述旅行中的见闻或令你印象深刻的事情。
3. 谈谈你的感想。
写作要求：
1. 字数为300～350字。
2. 格式正确，书写清楚。
3. 使用「です・ます」体。

★ 提纲导写 ★

开头段：引出话题，介绍一次全家旅行。
　　实用词句：観光名所、利用する、久しぶり
　　实用句型：・〜に、〜と一緒に〜へ旅行に行きました。
　　　　　　　・〜は〜て、〜です。
主体段：具体描述旅行中的见闻，可以按照旅行的行程来写。
　　实用词句：世界遺産、迫力、雰囲気、圧倒する、味わう、驚く、実感
　　　　　　　する、精巧、賑やか
　　实用句型：・〜ましたが、〜ました。
　　　　　　　・〜たり〜たりして〜ました。
结尾段：对这次旅行做出总结。
　　实用词句：今度、また
　　实用句型：・〜ことができました。
　　　　　　　・〜たら、〜たいです。

写作 51　私の趣味(3)

　　课余时间，你最喜欢做什么呢？有什么样的兴趣爱好呢？请以「私の趣味」为题，写一篇短文。

写作要点：

1. 简单说说你形成这项爱好的契机。
2. 叙述这项爱好带来的好处。
3. 谈谈你的看法。

写作要求：

1. 字数为300～350字。
2. 格式正确，书写清楚。
3. 使用「です・ます」体。

★ 提纲导写 ★

开头段：介绍自己的爱好，并简单说明形成这项爱好的契机。

　　实用词句：子どもの頃、だんだん

　　实用句型：・よく～たものです。

　　　　　　　・～が趣味になりました。

主体段：具体叙述这项爱好给自己带来的好处。可以列举三四个事例。

　　实用词句：景色、達成感、ペース、リラックス、汗を流す、落ち着
　　　　　　　く、静か

　　实用句型：・～ますが、～ます。

　　　　　　　・～ことで～ことができます。

　　　　　　　・～と、～ます。

　　　　　　　・～しか～ません。

结尾段：总体概括对这项爱好的看法。

　　实用词句：楽しい、忙しい

　　实用句型：・～が、～ます。

　　　　　　　・～ても～ます。

　　　　　　　・これからも～を続けていきたいです。

写作 52　私の趣味(4)

課余时间，你最喜欢做什么呢？你有什么样的兴趣爱好呢？请以「私の趣味」为题，写一篇短文。

写作要点：

1. 简单说说你形成这项爱好的契机。

2. 叙述这项爱好带来的好处。

3. 谈谈你的看法。

写作要求：

1. 字数为300～350字。

2. 格式正确，书写清楚。

3. 使用「です・ます」体。

★ 提纲导写 ★

开头段：介绍自己的爱好，并简单说明形成这项爱好的契机。

　　实用词句：映画鑑賞、ピアノ、折り紙、絵を描く、音楽を聞く

　　实用句型：・私の趣味は～ことです。

　　　　　　　・～として、～ます。

主体段：具体叙述这项爱好给自己带来的好处。可以列举三四个事例。

　　实用词句：気分転換、ストレス解消、友だちができる

　　实用句型：・～から～ます。

　　　　　　　・～なりました。

结尾段：总体概括对这项爱好的看法。

　　实用词句：充実する、楽しい、面白い、豊か

　　实用句型：・～のが好きです。

　　　　　　　・～ていこうと思います。

写作 53　好きなスポーツ(2)

你喜欢的运动项目是什么？请以「好きなスポーツ」为题，写一篇短文。

写作要点：

1.简单叙述你是如何喜欢上这项运动的。

2.说说这项运动给你带来的好处。

3.谈谈你的感想和看法。

写作要求：

1.字数为300～350字。

2.格式正确，书写清楚。

3.使用「です・ます」体。

★提纲导写★

开头段：介绍自己喜欢的一项运动，以及开始的时间、学习的契机等。

　　实用词句：ジョギング、スキー、スケート、縄跳び、始める、誘う

　　实用句型：・～て～でした。

　　　　　　　・～。それで、～。

主体段：具体说明这项运动的好处，可以从两三个方面来展开说明。

　　实用词句：集中力、効率、景色、体力がつく、ぐっすり、少しずつ

　　实用句型：・～ようになりました。

　　　　　　　・～おかげで、～。

　　　　　　　・～ながら～ます。

结尾段：总结全文，并表达自己对这项运动的感想和看法。

　　实用词句：日常生活、習慣、欠かせない、重要、大切、気軽

　　实用句型：・～ば、～できます。

　　　　　　　・～は～運動です。

　　　　　　　・～たいです。

写作 54　春節の過ごし方

　　春节是中国最重要的传统节日，你家是怎么过春节的呢？请以「春節の過ごし方」为题，写一篇短文。

写作要点：

1. 叙述春节时你们家常做的事情。
2. 说说你家里是如何过春节的。
3. 谈谈你的感想或看法。

写作要求：

1. 字数为300～350字。
2. 格式正确，书写清楚。
3. 使用「です・ます」体。

★ 提纲导写 ★

开头段：简单介绍春节及其重要性。

　　　实用词句：行事、迎える、過ごす、重要、最も、一番

　　　实用句型：・～にとって～。

　　　　　　　　・～と、～ます。

主体段：具体叙述你家里在春节及其前后的活动。

　　　实用词句：大掃除、玄関、定番、旅行、春聯を貼る、準備する、揃
　　　　　　　　う、テレビ番組を見る、訪ねる、お年玉をもらう

　　　实用句型：・～たり～たりします。

　　　　　　　　・～ながら～ます。

　　　　　　　　・～予定です。

结尾段：总结全文，并叙述自己的感受或看法。

　　　实用词句：家庭、過ごし方、幸せ、楽しみ、それぞれ

　　　实用句型：・～が、～ます。

　　　　　　　　・～と思います。

写作 55　一番好きな季節(1)

　　　一年四季，每个季节都有它独特的风景和特色。你最喜欢哪一个季节？请以「一番好きな季節」为题，写一篇短文。

写作要点：

1. 介绍你最喜欢的季节。
2. 叙述你的理由。
3. 谈谈你的感想。

写作要求：

1. 字数为300～350字。
2. 格式正确，书写清楚。
3. 使用「です・ます」体。

★提纲导写★

开头段：简单介绍自己最喜欢的季节。

　　实用词句：四季、春、夏、秋、冬

　　实用句型：・～の中で、～。

主体段：叙述喜欢这个季节的理由，可以通过叙述这个季节里的一些活动来
　　　　展开说明，叙述活动的同时表达自己的感想。

　　实用词句：花見、日差し、ピクニック、花が咲く、出かける、新し
　　　　　　　い、暖かい、過ごしやすい、気持ちいい

　　实用句型：・～と、～ます。

　　　　　　　・～たり～たりします。

结尾段：总结全文。

　　实用词句：始まり、希望、夢、与える

　　实用句型：・～てくれます。

　　　　　　　・～ので～が好きです。

84

写作 56　一番好きな季節 (2)

　　一年四季，每个季节都有它独特的风景和特色。你最喜欢哪一个季节？请以「一番好きな季節」为题，写一篇短文。

写作要点：

1. 介绍你最喜欢的季节。
2. 叙述你的理由。
3. 谈谈你的感想。

写作要求：

1. 字数为300～350字。
2. 格式正确，书写清楚。
3. 使用「です・ます」体。

★ 提纲导写 ★

开头段：简单介绍自己最喜欢的季节。

　　　实用词句：四季折々、景色

　　　实用句型：・～が、～一番好きなのは～です。

主体段：叙述喜欢这个季节的理由，可以通过叙述这个季节里的一些活动来展开说明，叙述活动的同时表达自己的感想。

　　　实用词句：プール、池、海、水遊び、海水浴、楽しみ、蓮の花、葉っぱ、アイスクリーム、バーベキュー、泳ぐ、面白い、美しい、活動的、思いきり

　　　实用句型：・なぜなら～からです。

　　　　　　　　・～ことができます。

　　　　　　　　・～しか～ません。

结尾段：总结全文。

　　　实用词句：思い出、イベント

　　　实用句型：・～は～季節です。

　　　　　　　　・～やすいです。

写作 57　私の故郷(1)

　　家乡是一个充满回忆的地方，你的家乡是一个怎样的地方？请以「私の故郷」为题，写一篇短文。

写作要点：

1. 介绍你的家乡是一个什么样的地方。
2. 叙述你的家乡的特色以及你对家乡的回忆。
3. 谈谈你的感受。

写作要求：

1. 字数为300～350字。
2. 格式正确，书写清楚。
3. 使用「です・ます」体。

★提纲导写★

开头段：简单介绍家乡的概况，如地理位置等特征。

　　　实用词句：南、北、東、西、山、海、島、森

　　　实用句型：・～は～です。

　　　　　　　　・～は～な所です。

主体段：具体叙述自己在家乡所做过的各种事情和感受，并介绍家乡的特色。

　　　实用词句：砂浜、海鮮料理、果物、お土産、観光客、遊ぶ、貝殻を拾う、建てる、自慢する、喜ぶ、楽しい

　　　实用句型：・～ことで～有名です。

　　　　　　　　・～たり～たりして、～ました。

结尾段：对家乡做出总体的评价。

　　　实用词句：思い出、支え、力、帰る、離れる、ずっと、いつまでも

　　　实用句型：・～が、～ます。

　　　　　　　　・～になっています。

写作 58　私の故郷(2)

家乡是一个充满回忆的地方，你的家乡是一个怎样的地方？请以「私の故郷」为题，写一篇短文。

写作要点：

1. 介绍你的家乡是一个什么样的地方。

2. 叙述你的家乡的特色以及你对家乡的回忆。

3. 谈谈你的感受。

写作要求：

1. 字数为300～350字。

2. 格式正确，书写清楚。

3. 使用「です・ます」体。

★ 提纲导写 ★

开头段：简单介绍家乡的概况，如地理位置等特征。

　　实用词句：田舎、村、都会、港町

　　实用句型：・～は～にあります。

　　　　　　　・～は～に近いです。

主体段：具体叙述自己在家乡所做过的各种事情和感受，并介绍家乡的特色。

　　实用词句：自然、野菜、稲、収穫、作業、喜び、工場、建物、娯楽施設、交通、手伝う、豊か

　　实用句型：・～ことができます。

　　　　　　　・～と、よく～ました。

　　　　　　　・～し、～のは～です。

结尾段：对家乡做出总体的评价。

　　实用词句：忘れられない、記憶に残る

　　实用句型：・あまり～ません。

　　　　　　　・～しか～ません。

写作 59　母の日

　　每年5月的第二个星期日是母亲节，很多人都会在这一天送妈妈礼物，以此表达心中的感谢。母亲节这一天，你会做些什么呢？请以「母の日」为题，写一篇短文。

写作要点：

1. 简单介绍母亲节。
2. 叙述你在母亲节里所做的事情。
3. 说说你的感想。

写作要求：

1. 字数为300～350字。
2. 格式正确，书写清楚。
3. 使用「です・ます」体。

★ 提纲导写 ★

开头段：简单介绍母亲节是哪一天以及母亲节的主要活动。

　　　实用词句：毎年、日頃、感謝、花、プレゼント、手袋、マフラー、財
　　　　　　　　布、贈る

　　　实用句型：・～は母の日です。

　　　　　　　　・～のが普通です。

主体段：具体叙述自己是如何庆祝母亲节的。

　　　实用词句：お小遣い、バラ、カーネーション、特別

　　　实用句型：・～（よ）うと決めました。

　　　　　　　　・～てあげます。

　　　　　　　　・心を込めて～ます。

结尾段：总结全文。

　　　实用词句：うれしい、喜ぶ

　　　实用句型：・～てくれました。

写作 60　父の日

　　　每年6月的第三个星期日是父亲节。在父亲节这一天，你会做些什么来表达对父亲的感谢呢？请以「父の日」为题，写一篇短文。

写作要点：

1. 简述你们家是如何过父亲节的。
2. 叙述令你印象深刻的一次父亲节。
3. 谈谈你的感想。

写作要求：

1. 字数为300～350字。
2. 格式正确，书写清楚。
3. 使用「です・ます」体。

★ 提纲导写 ★

开头段：简单介绍父亲节。

　　实用词句：感謝を表す

　　实用句型：・～は～で、～です。

主体段：具体叙述某一次父亲节那天发生的事情。

　　实用词句：祝う、手伝う、びっくりする、あげる、贈る、喜ぶ

　　实用句型：・～てくれます。

　　　　　　　・～てあげたいと思います。

结尾段：表达自己的感想。

　　实用词句：伝える、言う

　　实用句型：・～てよかったです。

写作 61　私が担当している家事

我们或多或少都会在家里帮忙做家务。你在家里负责做什么家务呢？请以「私が担当している家事」为题，写一篇短文。

写作要点：

1. 简单介绍你平时做的家务。

2. 说说你是怎么做这项家务的。

3. 谈谈做这项家务的过程中的感想。

写作要求：

1. 字数为300～350字。

2. 格式正确，书写清楚。

3. 使用「です・ます」体。

★ 提纲导写 ★

开头段：可以用一句话介绍自己平时所做的家务。

　　　实用词句：ごみ出し、床掃除、お風呂掃除、洗濯、食器洗い、部屋の
　　　　　　　　片付け、買い物

　　　实用句型：・〜時から、〜を担当しています。

主体段：具体叙述自己是如何做这项家务的，可以写如何积累经验、找到窍
　　　　门等。

　　　实用词句：汚れ、油、やり方、手順、方法、コツ、洗剤、スポンジ、
　　　　　　　　掃除機、慣れる、調べる、考える、大変、楽、きれい、ぴ
　　　　　　　　かぴか、すっきり

　　　实用句型：・最初は〜ましたが、だんだん〜ました。

　　　　　　　　・〜ているうちに、〜ました。

　　　　　　　　・〜てみると、〜ました。

结尾段：表达感想，如感受到了做家务的不易，或者认识到任何事都需要认
　　　　真对待等。

　　　实用词句：真剣、真面目、わかる、取り組む、大切、大事

　　　实用句型：・〜と思います。

　　　　　　　　・〜と感じました。

　　　　　　　　・〜ことで、〜の大変さがわかりました。

写作62　放課後の過ごし方について

　　　放学后，有人喜欢去外面运动、玩耍，也有人专心学习。放学后的时间，你是如何度过的呢？请以「放課後の過ごし方について」为题，写一篇短文。

写作要点：

1. 介绍你是如何度过放学后的时间的。

2. 谈谈你的感受。

写作要求：

1. 字数为300～350字。

2. 格式正确，书写清楚。

3. 使用「です・ます」体。

★提纲导写★

开头段：概述学生一般是如何度过放学后的时间的。

　　　实用词句：習い事、塾、スポーツ、勉強、過ごし方、人それぞれ

　　　实用句型：・〜たら、〜ます。

　　　　　　　　・〜人もいれば、〜人もいます。

　　　　　　　　・〜は人によって違います。

主体段：具体叙述自己是如何度过放学后的时间的。

　　　实用词句：宿題、ジョギング、サッカー、バスケットボール、縄跳び、疲れる、休む、音楽を聞く、テレビを見る、雑誌を読む、汗をかく、リフレッシュする、リラックスする、効率が上がる、すっきり

　　　实用句型：・〜ようにしています。

　　　　　　　　・〜たり、〜たりします。

　　　　　　　　・〜ことで〜できます。

结尾段：表达自己的想法和感受。

　　　实用词句：気分転換、休む、ゆっくり

　　　实用句型：・どんなに〜ても、〜。

　　　　　　　　・〜ほうがいいと思います。

写作63　中秋節について

　　中秋节是中国的传统佳节，也是国家法定节假日。在我们的传统文化中，中秋节是全家团圆的日子。在那一天，你家有哪些习俗和活动呢？请以「中秋節について」为题，写一篇短文。

写作要点：
1.简述中秋节的文化。
2.叙述你家是如何过中秋节的。
3.说说你的感想。

写作要求：
1.字数为300～350字。
2.格式正确，书写清楚。
3.使用「です・ます」体。

★提纲导写★

开头段：简单介绍中秋节这一节日。

　　　实用词句：旧暦、伝統行事、国民の祝日、大切な日、休みになる

　　　实用句型：・～で～です。

　　　　　　　　・～となっています。

主体段：具体叙述你家在中秋节的活动等。

　　　实用词句：月餅、風習、満月、一家団欒、集まる、食べる、祈る、眺
　　　　　　　　める

　　　实用句型：・～て、～て、～ます。

　　　　　　　　・～たり、～たりします。

结尾段：表达自己对过中秋节的感想。

　　　实用词句：幸せ、大事、感じる

　　　实用句型：・～たいと思います。

　　　　　　　　・～を楽しみにしています。

写作 64　好きな中国のアニメ

　　近几年，国产动画发展迅速，出现了很多优秀的动画作品。你最喜欢哪一部呢？请以「好きな中国のアニメ」为题，写一篇短文。

写作要点：

1. 简述你喜欢的国产动画作品。
2. 说明你喜欢这部作品的理由。
3. 说说你的感想。

写作要求：

1. 字数为300～350字。
2. 格式正确，书写清楚。
3. 使用「です・ます」体。

★ 提纲导写 ★

开头段：简单介绍你喜欢的动画作品。

　　　实用词句：一番、最近、特に

　　　实用句型：・私の好きなアニメは～です。

主体段：描述这部作品的故事情节以及特色、优点等，以此来说明喜欢的理由。

　　　实用词句：物語、主人公、神話、キャラクター、スーパーヒーロー、性格、ストーリー性、シーン、せりふ、迫力、画面、姿勢、救う、頑張る、戦う、楽しむ、感動する、心に響く

　　　实用句型：・～で、～です。

　　　　　　　　・～て、～と思います。

结尾段：表达感想，可以写对这部作品的感想或从中获得的启发等。

　　　实用词句：困難、挫折、乗り越える、優しい、積極的、前向き

　　　实用句型：・～のように、～たいです。

　　　　　　　　・～が大切だと思います。

　　　　　　　　・これから～（よ）うと思います。

93

三、社会热点类题材

写作 65　食べ物を大切にしよう

　　常言道"民以食为天"，现在很多地方都在开展"光盘行动"等，号召大家珍惜粮食，但生活中依然存在很多浪费食物的情况。请以「食べ物を大切にしよう」为题，写一篇短文。

写作要点：

1. 简单叙述上述现象。

2. 表明你的看法，并说说减少食物浪费的对策。

3. 总结全文。

写作要求：

1. 字数为300～350字。

2. 格式正确，书写清楚。

3. 使用「です・ます」体。

★提纲导写★

开头段：引出浪费粮食的现象。

　　实用词句：各地、食品ロス、減らす、呼びかける、豊か、無駄

　　实用句型：・～につれて、～。

　　　　　　　・～てきました。

　　　　　　　・～ように呼びかけています。

主体段：表明观点，观点应该紧扣"应该珍惜粮食"这一点，并且叙述几项为减少食物浪费可以采取的对策。

　　实用词句：基本、外食、一人ひとり、生きる、見直す、工夫する、やめる、捨てる、残す、注文する、持ち帰る、大切

　　实用句型：・～ですから、～なければなりません。

　　　　　　　・～ようにします。

　　　　　　　・～ためには、～。

结尾段：总结全文，再次呼吁大家珍惜粮食、减少浪费。

　　实用词句：飢餓、食糧、感謝、恩恵、苦しむ、足りない、満足

　　实用句型：・～ましょう。

写作 66　ごみの分別

　　我们的日常生活中，每天都会产生很多垃圾。现在很多地方都在实施垃圾分类。请以「ごみの分別」为题，写一篇短文。

写作要点：

1. 简单介绍垃圾分类的情况。

2. 说说垃圾分类的重要性。

3. 谈谈你的看法。

写作要求：

1. 字数为300～350字。

2. 格式正确，书写清楚。

3. 使用「です・ます」体。

★ 提纲导写 ★

开头段：从自己所在的城市的情况出发，引出垃圾分类这一话题。

　　　实用词句：捨てる、ごみを出す、実施する、行う

　　　实用句型：・～てから～ます。

　　　　　　　　・～ことになりました。

主体段：具体阐述垃圾分类的重要性，可以从垃圾分类带来的好处着手去写。

　　　实用词句：資源ごみ、生ごみ、乾燥ごみ、瓶、缶、ペットボトル、二酸化炭素、地球温暖化、繰り返し、メリット、分類する、活用する、利用する、処理する、燃やす、排出する、防止する、面倒くさい、もったいない、有効

　　　实用句型：・～前に～ます。

　　　　　　　　・～ので、～です。

　　　　　　　　・～ために、～。

　　　　　　　　・～ないと、～です。

　　　　　　　　・～ことで～ことができます。

结尾段：总结全文，提出自己的看法。

　　　实用词句：行動、努力、習慣

　　　实用句型：・～には～が必要です。

　　　　　　　　・～ましょう。

写作 67　電動バイクについて

在马路上，经常能看到骑电瓶车（電動バイク）的人。请以「電動バイクについて」为题，写一篇短文。

写作要点：

1. 谈谈电瓶车的优点。

2. 谈谈电瓶车的缺点。

3. 说说你的看法。

写作要求：

1. 字数为300～350字。

2. 格式正确，书写清楚。

3. 使用「です・ます」体。

★ 提纲导写 ★

开头段：简单描述骑电瓶车的人越来越多这一现象，引出话题。

　　实用词句：最近、近年、ここ数年、利用する、増える

　　实用句型：・～ています。

　　　　　　　・～てきました。

主体段：具体阐述电瓶车的优点和缺点，可以各列举2个方面，在此基础上叙述骑电瓶车的注意事项。

　　实用词句：電気、渋滞、交通事故、火事、スピード、使う、乗る、充電する、爆発する、ルールを守る、ヘルメットを着用する、速い、環境に優しい、便利、簡単

　　实用句型：・～し、～です。

　　　　　　　・～ので、～ます。

　　　　　　　・その一方で、～。

　　　　　　　・～こともあります。

　　　　　　　・～なければなりません。

结尾段：总结全文。

　　实用词句：安全運転、心掛ける、注意する

　　实用句型：・～ましょう。

　　　　　　　・～ほうがいいと思います。

写作68　フードデリバリーについて

　　近年来，叫外卖成了很多人生活的一部分。你平时会叫外卖吗？请以「フードデリバリーについて」为题，写一篇短文。

写作要点：

1. 简述人们叫外卖的现象。
2. 说说你对叫外卖的看法。
3. 总结全文。

写作要求：

1. 字数为300～350字。
2. 格式正确，书写清楚。
3. 使用「です・ます」体。

★ 提纲导写 ★

开头段：描述叫外卖非常流行这一现象，引出话题。

　　　实用词句：バイク、スマホ、普及、ブーム、流行る、見かける

　　　实用句型：・〜に伴い、〜。

　　　　　　　　・〜てきました。

主体段：具体阐述叫外卖的优点和存在的问题。可以分别列举两三个方面。

　　　实用词句：サービス、配達員、プラスチック、ごみ、環境、交通違
　　　　　　　　反、依頼する、頼む、届ける、行列に並ぶ、食べ残す、事
　　　　　　　　故を起こす、安い、便利

　　　实用句型：・〜てもらいます。

　　　　　　　　・〜し、〜ます。

　　　　　　　　・〜なくてもいいです。

　　　　　　　　・〜こともあります。

结尾段：总结全文。

　　　实用词句：課題、問題、配慮する、心掛ける

　　　实用句型：・〜ですが、〜です。

　　　　　　　　・〜ましょう。

　　　　　　　　・〜なければなりません。

写作 69　最近気になったニュース

我们每天通过手机、电视等媒介获取大量的新闻。最近有没有让你印象特别深刻的新闻？请以「最近気になったニュース」为题，写一篇短文。

写作要点：

1. 叙述你感兴趣或让你印象深刻的一则新闻。

2. 谈谈你的感想。

写作要求：

1. 字数为300～350字。

2. 格式正确，书写清楚。

3. 使用「です・ます」体。

★提纲导写★

开头段：介绍自己最近特别关注的一则新闻。

　　实用词句：事件、事故、優勝する、助ける、救う、起こる

　　实用句型：・最近気になったニュースは～ニュースです。

主体段：具体叙述这则新闻的内容。

　　实用词句：驚く、興奮する、印象に残る

　　实用句型：・～によると、～そうです。

　　　　　　　・～と聞いて、びっくりしました。

结尾段：简述自己从这则新闻中受到的触动，表达感想。

　　实用词句：勇気、感動、頑張る、見習う、感心する、尊敬する、残念
　　　　　　　に思う

　　实用句型：・私も～たいと思います。

　　　　　　　・～に深く感動しました。

写作70　異文化交流について

　　　　随着全球化的发展，跨文化交流变得越来越重要。你认为跨文化交流的意义、重要性有哪些？在你平常的生活中接触到哪些与跨文化交流有关的活动？或者你将来想要参与哪些与此相关的活动？请以「異文化交流について」为题，写一篇短文。

写作要点：

1. 说说跨文化交流的重要性和意义。

2. 叙述你曾经体验过的或者将来想体验的跨文化交流活动。

3. 总结全文。

写作要求：

1. 字数为300～350字。

2. 格式正确，书写清楚。

3. 使用「です・ます」体。

★ 提纲导写 ★

开头段：概述跨文化交流的现状以及意义。

　　　实用词句：グローバル化、習慣、文化、違い、進む、知る、視野を広
　　　　　　　　げる、盛んになる

　　　实用句型：・〜につれて、〜ています。

　　　　　　　　・〜を通じて、〜ことができます。

主体段：通过具体事例来叙述跨文化交流的体验，如出国旅游、留学或平时
　　　　与外国人的交流等。

　　　实用词句：外国人の先生、海外旅行、料理、マナー、コミュニケー
　　　　　　　　ション、当たり前

　　　实用句型：・〜によって、〜が違います。

　　　　　　　　・〜ことがあります。

　　　　　　　　・〜と気付きました。

　　　　　　　　・〜ことを教えてくれました。

结尾段：说说自己将来想要体验的与跨文化交流相关的活动，如出国旅游、
　　　　留学等。

　　　实用词句：留学、理解を深める、認める、尊重する

　　　实用句型：・〜たいと思っています。

　　　　　　　　・〜ことが大切だと思います。

写作 71　北京冬季オリンピックについて

2022年2月4日，北京冬奥会顺利开幕。冬奥会的吉祥物（マスコット）冰墩墩（ビンドゥンドゥン）因其可爱的形象受到了大家的喜爱。另外，冬奥会的开幕式（開幕式）中独特的点火（聖火の点火）方式、雪花形状（雪の結晶）的主火炬（聖火台）等也给人留下了深刻的印象。请以「北京冬季オリンピックについて」为题，写一篇短文。

写作要点：

1. 叙述几件北京冬奥会中令你印象深刻的事情。

2. 说说你的感想。

写作要求：

1. 字数为300～350字。

2. 格式正确，书写清楚。

3. 使用「です・ます」体。

★ 提纲导写 ★

开头段：简述北京冬奥会。

　　实用词句：開催する、行う

　　实用句型：・～で～が行われました。

主体段：叙述北京冬奥会中令你印象深刻的事情，可以是开闭幕式或者比赛等。

　　实用词句：二十四節気、トーチ、斬新、アイディア、種目、応援する、印象に残る、印象深い

　　实用句型：・～で、～ました。

　　　　　　　・～時、～ました。

结尾段：从总体上表达对北京冬奥会的感想。

　　实用词句：世界中、勇気、希望、感動、平和、すばらしい

　　实用句型：・～となりました。

写作 72　新型コロナウイルス感染症対策について

　　为了应对新冠肺炎疫情，我们国家采取了很多防疫措施和方法（新型コロナウイルス感染症対策），如实行“动态清零（感染者ゼロ）”的方针，在发生疫情的区域进行迅速的核酸检测，实施严格的隔离措施等。在日常生活中，我们每个人也采取了很多防护措施，如接种疫苗（ワクチン接種）、戴口罩（マスクをつける）等。请以「新型コロナウイルス感染症対策について」为题，写一篇短文。

写作要点：

1. 阐述应对疫情的各项措施。

2. 谈谈这些措施的意义。

3. 说说你的感想。

写作要求：

1. 字数为300～350字。

2. 格式正确，书写清楚。

3. 使用「です・ます」体。

★提纲导写★

开头段：概述新冠肺炎疫情的流行及其对我们生活的影响。

　　实用词句：世界中、大流行する、影響を与える

　　实用句型：・〜し、〜ています。

主体段：具体阐述应对疫情的各项措施，可以是政府或者个人层面的措施。

　　实用词句：検査、隔離、治療、措置、感染拡大、手洗い、目指す、減らす、実施する、抑える、防ぐ、徹底する、予防する

　　实用句型：・〜おかげで、〜ことができました。

　　　　　　　・〜ことで、〜ました。

　　　　　　　・〜ように〜ています。

结尾段：总结全文，表达感想。

　　实用词句：人類、終わる、勝利を収める、成功を祈る

　　实用句型：・〜ことを願っています。

　　　　　　　・〜を期待しています。

　　　　　　　・〜てほしいです。

四、应用文与图表类作文

写作 73　高橋さんへのメール

　　假如你是王小华，在日本留学。本田学长考上了心仪的研究生院（大学院），大家决定给他办一场庆祝派对（お祝いパーティー）。请你给朋友高桥发一封邮件，请他一起参加派对，邮件包含以下内容。

1. 派对的时间是下周六晚上7点到9点，地点是学生中心（学生センター）。
2. 当天"我"会准备好比萨、寿司、果汁等食物，所以不需要自带食物，费用由大家事后分摊。
3. 打算大家一起买一份礼物送给本田学长，如果有好的建议，请告诉"我"。
4. 请在下周五之前告知"我"是否能参加派对。

写作要点：
1. 告知写邮件的原因。
2. 表述清楚以上4项内容。

写作要求：
1. 字数为300～350字。
2. 格式正确，书写清楚。
3. 使用「です・ます」体。

★ 提纲导写 ★

开头段：寒暄，并表明写邮件的原因。
　　实用词句：念願、大学院、受かる、開く
　　实用句型：・～そうです。
　　　　　　　・～ことになりました。
　　　　　　　・～ませんか。
主体段：将题目中给出的4项信息表述清楚。
　　实用词句：費用、アイディア、用意する、負担する、贈る、後で
　　实用句型：・～から～までです。
　　　　　　　・～や～など～。
　　　　　　　・～（よ）うと考えています。
　　　　　　　・～かどうか～。
　　　　　　　・～までに～。
　　　　　　　・お/ご～ください。
结尾段：寒暄语。

写作 74　木村さんへのメール

　　假如你是王燕，这周末要和班上的朋友去赏花，想邀请朋友木村一起去。请你给他发一封邮件，邮件包含以下内容。

1. 据天气预报说周六下雨，周日是晴天，所以定在周日去赏花。
2. 关于地点，原本打算去有名的樱花公园（桜公園），但周末人会很多，所以后来决定去郊外的东山公园（東山公園），虽然有点远，但游客少，可以静下心来赏花。当天早上8点在市民中心地铁站（市民センター駅）集合，大家一起过去。
3. 当天可以自己带便当，也可以在公园内的便利店里购买食物和饮料等。

写作要点：
1. 告知写邮件的原因。
2. 表述清楚以上3项内容。

写作要求：
1. 字数为300～350字。
2. 格式正确，书写清楚。
3. 使用「です・ます」体。

★ 提纲导写 ★

开头段：寒暄，并表明写邮件的原因。

　　实用词句：花見、クラス、仲間

　　实用句型：・～予定です。

　　　　　　　・～たらどうですか。

主体段：将题目中给出的3项信息表述清楚。

　　实用词句：天気予報、晴れる、混雑する、決める、変える、落ち着く、集まる

　　实用句型：・～によると、～そうです。

　　　　　　　・～にしました。

　　　　　　　・～予定でしたが、～。

　　　　　　　・～てもいいです。

结尾段：寒暄语。

写作75　渡辺さんへのメール

　　假如你是刘佳，学校将举办中日交流会。请你发一封邮件邀请留学生渡边参加，邮件包含以下内容。
1. 交流会的时间是下周六的下午5点半到7点，地点是学生食堂。学生科（学生课）的周老师将担任交流会的主持人（司会者）。
2. 在交流会上，大家可以交流与学习或者生活相关的事情，木村学长将作为留学生代表发言。
3. 交流会结束后将合影留念，两周后把照片寄给大家，所以入场时需要在接待处留下自己的地址和联系电话。

写作要点：
1. 告知写邮件的原因。
2. 表述清楚以上3项内容。

写作要求：
1. 字数为300～350字。
2. 格式正确，书写清楚。
3. 使用「です・ます」体。

★ 提纲导写 ★

开头段：寒暄，并表明写邮件的原因。
　　　　实用词句：学生食堂、行う
　　　　实用句型：・～から～まで～。
　　　　　　　　　・～ことになりました。
　　　　　　　　　・よかったら、～ませんか。
主体段：将题目中给出的3项信息表述清楚。
　　　　实用词句：学生課、司会、話し合う、あいさつする、記念写真を撮る、受付
　　　　实用句型：・～ことができます。
　　　　　　　　　・～てもらいます。
　　　　　　　　　・～た後、～。
　　　　　　　　　・～てください。
结尾段：寒暄语。

写作 76　朝食を食べないことについて

　　某机构对"从什么时候开始不吃早餐"这一问题做了问卷调查。下表是此次调查的统计结果。请根据图表（グラフ）所提供的信息和写作要点，以「朝食を食べないことについて」为题，写一篇短文。

朝食欠食の開始時期

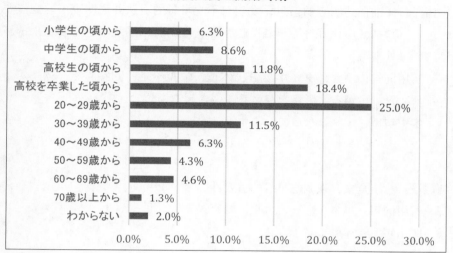

写作要点：

1. 总述图表所显示的具体情况。

2. 表明你对不吃早餐的看法。

3. 说说你的理由。

写作要求：

1. 字数为300～350字。

2. 格式正确，书写清楚。

3. 使用「です・ます」体。

开头段：引出该项调查。

    实用词句：調査結果、行う、発表する

    实用句型：・～について～。

              ・～に関する～。

主体段：详细描述图表的信息，发表对不吃早餐的看法并说明理由。观点要
      紧扣"应该好好吃早餐"这一点，理由可以围绕不吃早餐带来的坏
      处来写。

    实用词句：割合、ダイエット、体重、栄養不足、回答する、効率が下
           がる、影響を与える、引き起こす

    实用句型：・～となっています。

           ・つまり、～ことがわかります。

           ・～ないと、～ます。

结尾段：总结全文，强调吃早餐的重要性。

    实用词句：エネルギー、大事、健康、元気、しっかり

    实用句型：・～ましょう。

           ・～ほうがいいと思います。

Unit 3　写作进阶训练

一、校园生活类题材

写作 77　一番好きな本

> 　　书籍是人类的精神食粮，读书就像在知识的海洋里遨游。你最喜欢的书是哪一本呢？请以「一番好きな本」为题，写一篇短文。
>
> 写作要点：
> 1.简单介绍你最喜欢的书。
> 2.说说这本书的特点以及你的感想。
> 3.简单评价这本书。
>
> 写作要求：
> 1.字数为300～350字。
> 2.格式正确，书写清楚。
> 3.使用「です・ます」体。

★提纲导写★

> 开头段：简单介绍自己最喜欢的一本书的书名及作者等。
> 　　实用词句：小説、エッセイ、伝記、作家、作品、代表作、有名
> 　　实用句型：・〜は〜です。
> 　　　　　　　・〜が好きです。
> 主体段：具体叙述这本书的内容特点，并表达自己的阅读感想。
> 　　实用词句：舞台、主人公、人物、物語、内容、構成、場面、表現、
> 　　　　　　　姿、共感する、心温まる、興味がわく、考える、読みやす
> 　　　　　　　い、かわいそう、感動的、勇敢、予想外
> 　　实用句型：・〜という物語です。
> 　　　　　　　・〜ているうちに、〜てきました。
> 结尾段：对这本书做出总体评价，总结全文。
> 　　实用词句：深み、現実味、感動する、すばらしい、面白い
> 　　实用句型：・〜ですが、〜です。

写作78　電子辞書について

电子词典为我们的学习，尤其是外语学习提供了很多便利。请以「電子辞書について」为题，写一篇短文。

写作要点：

1. 说说电子词典的优点。
2. 说说电子词典的缺点。
3. 谈谈你的看法。

写作要求：

1. 字数为300～350字。
2. 格式正确，书写清楚。
3. 使用「です・ます」体。

★提纲导写★

开头段：通过自己使用电子词典的经历引出话题。

　　实用词句：日本語、英語、外国語、買う、使う

　　实用句型：・～時に、～ました。

主体段：具体叙述电子词典的优点和缺点，可以各列举两三个优点和缺点。

　　实用词句：メリット、デメリット、単語、言葉、文型、発音、機能、値段、紙の辞書、調べる、検索する、小さい、軽い、高い、便利、例えば

　　实用句型：・～。その一方で、～。

　　　　　　・～から、～です。

　　　　　　・～て、～（ら）れます。

结尾段：表明自己的看法，可以写自己在使用过程中是如何发挥其优点，避开其缺点的。

　　实用词句：紙の辞書、場所、使う、活用する、普段、できるだけ

　　实用句型：・～ようにしています。

　　　　　　・～によって、～ます。

　　　　　　・～ほうがいいと思います。

写作 79　日本語の勉強について

　　　对于学习日语，你有什么感受？请以「日本語の勉強について」为题，写一篇短文。

写作要点：

1. 简述你对日语学习的看法。
2. 说说你的学习方法。
3. 谈谈你的感想。

写作要求：

1. 字数为300～350字。
2. 格式正确，书写清楚。
3. 使用「です・ます」体。

★提纲导写★

开头段：简单介绍自己学习日语的情况，如开始学习的时间、学习日语的感
　　　　想等。

　　　实用词句：漢字、発音、学び始める、難しい、易しい、簡単

　　　实用句型：・～時に、～。

　　　　　　　　・～ば～ほど～。

　　　　　　　　・最初は～が、～。

主体段：具体叙述学习日语的亲身经历，围绕日语的学习方法来写。

　　　实用词句：勉強法、間違いノート、効率、聴解、読解、基礎知識、ア
　　　　　　　　ドバイス、聞く、読む、覚える、上達する、楽しい、面白
　　　　　　　　い、楽

　　　实用句型：・～てもらいました。

　　　　　　　　・～ようになりました。

　　　　　　　　・～ようにしています。

结尾段：总结全文，表达学习日语的感想，说明将来的计划等。

　　　实用词句：留学、頑張る、続ける、努力する

　　　实用句型：・～たいと思っています。

写作 80　運動と勉強

上高中后，学习压力变大，有人在学习之余仍然坚持运动，有人把全部时间都花在学习上。请以「運動と勉強」为题，写一篇短文。

写作要点：

1. 阐述你对运动与学习的看法。

2. 说明你的理由。

3. 总结全文。

写作要求：

1. 字数为300～350字。

2. 格式正确，书写清楚。

3. 使用「です・ます」体。

★ 提纲导写 ★

开头段：简单叙述"上高中后，学习压力变大，有人在学习之余仍然坚持运动，有人把全部时间都花在学习上"这种现象，并表明自己的观点，观点要紧扣"运动很有必要"这一点。

　　　实用词句：忙しい、確保する

　　　实用句型：・～から、～です。

　　　　　　　　・どんなに～ても～。

　　　　　　　　・～ほうがいいと思います。

主体段：阐述自己的观点，并列举两三个理由。

　　　实用词句：効率、学習効果、やる気、意欲、刺激する、活性化する、すっきりする、疲れを取る、役立つ

　　　实用句型：・なぜなら、～からです。

　　　　　　　　・～から、～ます。

　　　　　　　　・～ことで～ます。

结尾段：通过自身的运动经历来进一步证明自己的观点，并总结全文。

　　　实用词句：暇、週末、仲間、室内

　　　实用句型：・～ようにしています。

　　　　　　　　・～ましょう。

写作 81　集中力の大切さ

　　学习时，专注力是非常重要的。请以「集中力の大切さ」为题，写一篇短文。

写作要点：

1. 阐述专注力的重要性。
2. 通过自身的学习经历，谈谈如何提高专注力。
3. 总结全文。

写作要求：

1. 字数为300～350字。
2. 格式正确，书写清楚。
3. 使用「です・ます」体。

★提纲导写★

开头段：概述专注力的重要性。

　　　　实用词句：学生、勉強、受験生、集中力を保つ

　　　　实用句型：・～にとって、～です。

主体段：具体阐述专注力的重要性，以及如何提高专注力，要结合自己的学习来写。

　　　　实用词句：集中力が切れる、頭が疲れる、文房具をいじる、スマホを見る、工夫する、上げる、高める、効率が悪い

　　　　实用句型：・～たことがあります。

　　　　　　　　　・～ことにしました。

　　　　　　　　　・～ようにしています。

　　　　　　　　　・～ことで、～ことができました。

结尾段：总结全文，可以再次强调专注力的重要性等。

　　　　实用词句：成果が出る、成功する

　　　　实用句型：・～と、～と思います。

　　　　　　　　　・～ことが大切だと思います。

　　　　　　　　　・～ために、～なければならないと思います。

写作82　一番好きな四字熟語

日语中有很多四字成语，如「一期一会」「温故知新」「一石二鸟」「有言実行」等。有没有你特别喜欢的四字成语？请以「一番好きな四字熟語」为题，写一篇短文。

写作要点：

1.介绍你最喜欢的四字成语。

2.说说它对你的启发或你对它的思考。

3.总结全文。

写作要求：

1.字数为300～350字。

2.格式正确，书写清楚。

3.使用「です・ます」体。

★ 提纲导写 ★

开头段：介绍你最喜欢的四字成语，并概述其含义。

　　实用词句：一期一会、温故知新、一石二鳥、有言実行、本末転倒、一日一善

　　实用句型：・〜という意味です。

主体段：阐述该四字成语在日常生活或学习中给你的启发等，结合学习和生活中的具体的事情来写。

　　实用词句：欠かせない、大事、必要

　　实用句型：・〜ようにしています。

　　　　　　　・〜ようになります。

　　　　　　　・〜て、〜です。

　　　　　　　・〜ば、〜なります。

结尾段：总结全文。

　　实用词句：座右の銘

　　实用句型：・〜は〜で、〜です。

　　　　　　　・〜おかげで、〜がわかりました。

二、日常生活类题材

写作83　プレゼント

在生日或者节日时，我们常常会收到家人或朋友送的礼物。请以「プレゼント」为题，写一篇短文。

写作要点：

1. 介绍你最珍视或者印象最深刻的一份礼物。

2. 叙述有关这份礼物的回忆等。

3. 谈谈你的感想。

写作要求：

1. 字数为300～350字。

2. 格式正确，书写清楚。

3. 使用「です・ます」体。

★提纲导写★

开头段：介绍自己最珍视的一份礼物。

　　实用词句：誕生日、入学祝い、万年筆、マフラー、財布、自転車、か
　　　　　　　ばん、腕時計、大事にする、今まで、たくさん

　　实用句型：・～のは～です。

主体段：叙述有关这份礼物的故事，如为什么会珍视这份礼物。一边叙事，
　　　　一边表达感想。

　　实用词句：初めて、サプライズ、ほしい、うれしい、気持ちいい

　　实用句型：・～のが好きです。

　　　　　　　・～ようにします。

　　　　　　　・～たいです。

　　　　　　　・～ことができました。

结尾段：总结全文，再次提出自己十分珍视这份礼物。

　　实用词句：思い出がつまる、今でも

　　实用句型：・～にとって～です。

写作 84　私の夢 (2)

有人梦想成为医生，有人梦想成为科学家。每个人心中都有一个梦想，你的梦想是什么呢？请以「私の夢」为题，写一篇短文。

写作要点：

1. 介绍自己的梦想。

2. 叙述你拥有这个梦想的契机。

3. 说说你的感想。

写作要求：

1. 字数为300～350字。

2. 格式正确，书写清楚。

3. 使用「です・ます」体。

★ 提纲导写 ★

开头段：点题，写明自己的梦想是什么。

　　实用词句：将来、子どもの頃、医者、患者、教師、生徒、きっかけ、
　　　　　　　夢を持つ

　　实用句型：・～になりたいです。

　　　　　　　・～は～になることです。

　　　　　　　・～てあげたいです。

主体段：具体叙述自己拥有这个梦想的契机以及自己的感想。

　　实用词句：助ける、救う、上達する、成長する、感謝する、感動す
　　　　　　　る、決心する、大事、立派、優秀、しみじみ

　　实用句型：・～おかげで、～ました。

　　　　　　　・～と思うようになりました。

结尾段：简单叙述自己为实现梦想而采取的行动。

　　实用词句：目標、目指す、全力を尽くす、一生懸命

　　实用句型：・～ために～ます。

写作 85　幸せな瞬間

　　生活中会有一些让人感到幸福的瞬间，如通过努力获得了某种成功，学习取得了很大的进步，自己的愿望得以实现，和家人团聚等。请以「幸せな瞬間」为题，写一篇短文。

写作要点：

1. 通过具体事例叙述某个幸福的瞬间。

2. 说说自己的感想。

写作要求：

1. 字数为300~350字。

2. 格式正确，书写清楚。

3. 使用「です・ます」体。

★ 提纲导写 ★

开头段：简单介绍让自己感到幸福的那件事是什么时候发生的。

　　实用词句：最近、この間、いつも

　　实用句型：・〜時、〜ました。

　　　　　　　・〜なりました。

　　　　　　　・〜（よ）うと思いました。

主体段：具体叙述那件事，并表达感想。

　　实用词句：笑顔、成功する、失敗する、負ける、落ち込む、慰める、

　　　　　　　励ます、安心する、喜ぶ、褒める、認める

　　实用句型：・〜てみました。

　　　　　　　・〜たことがありません。

　　　　　　　・〜ことにしました。

　　　　　　　・〜てくれました。

　　　　　　　・〜たら、〜ました。

结尾段：点题，表达自己的幸福感。

　　实用词句：場面、笑う、久しぶり

　　实用句型：・〜は幸せでした。

写作 86 忘れられない一日

　　生活中有没有一些日子是你难以忘怀的？比如比赛获胜、和朋友去游乐园玩耍、参加某次特别的活动等。请以「忘れられない一日」为题，写一篇短文。

写作要点：

1.介绍令你难忘的一天。

2.叙述那一天发生的事情。

3.谈谈你的感想或心情。

写作要求：

1.字数为300～350字。

2.格式正确，书写清楚。

3.使用「です・ます」体。

★提纲导写★

开头段：简单介绍让自己难忘的那一天所发生的事情。

　　　实用词句：活動、遊園地、試合、決勝戦、優勝する、参加する、初めて

　　　实用句型：・～ました。

　　　　　　　・～たことがあります。

主体段：具体叙述当天发生的事情，通过叙事来突出"难忘"。

　　　实用词句：体験、経験、喜ぶ、力になる、役立つ、挑戦する、うれしい

　　　实用句型：・～たり～たりしました。

　　　　　　　・～てあげました。

　　　　　　　・～てくれました。

结尾段：点题，表达自己的感想。

　　　实用词句：やりがい、喜び、達成感、味わう、感じる

　　　实用句型：・～を感じました。

　　　　　　　・～と言われました。

写作 87　好きなスポーツ(3)

　　你喜欢的运动项目是什么？请以「好きなスポーツ」为题，写一篇短文。

写作要点：

1. 简单叙述你是如何喜欢上这项运动的。

2. 说说这项运动给你带来的好处。

3. 谈谈你的感想和看法。

写作要求：

1. 字数为300～350字。

2. 格式正确，书写清楚。

3. 使用「です・ます」体。

★提纲导写★

开头段：介绍自己喜欢的一项运动，以及开始的时间、学习的契机等。

　　实用词句：水泳、自転車、山登り、ウォーキング、教室

　　实用句型：・～時から～を習い始めました。

　　　　　　　・～ために～を始めたのです。

　　　　　　　・～ているうちに、～なりました。

主体段：具体说明这项运动的好处，可以从两三个方面来展开说明。

　　实用词句：方法、効果、爽快感、ストレス解消、カロリー、太る、肥満を解消する、体重を落とす、体形を維持する

　　实用句型：・～て～ました。

　　　　　　　・～ので、～です。

　　　　　　　・～ことで～（ら）れます。

结尾段：总结全文，并表达自己对这项运动的感想和看法。

　　实用词句：続ける、健康にいい、気軽、簡単

　　实用句型：・～ですから、～です。

　　　　　　　・～（よ）うと思います。

写作 88　自分の長所と短所

　　每个人都有优点和缺点。在学习和生活中，我们要努力克服缺点，发挥自己的优点。你的优点和缺点分别是什么呢？请以「自分の長所と短所」为题，写一篇短文。

写作要点：

1. 叙述自己的优点和缺点。
2. 谈谈这些优缺点给你带来的影响。
3. 总结全文。

写作要求：

1. 字数为300～350字。
2. 格式正确，书写清楚。
3. 使用「です・ます」体。

★ 提纲导写 ★

主体段1：叙述自己的优点。可以采取"总—分"的形式，先用一句话概括优点，接着通过具体事例来说明。

　　实用词句：行動力がある、思いやりがある、根気がある、責任感が強い、積極的、前向き、素直、誠実、まじめ、好奇心旺盛

　　实用句型：・私の長所は～ところです。

　　　　　　・～てくれました。

　　　　　　・～て～ことができました。

　　　　　　・～ようにします。

主体段2：叙述自己的缺点。同样可以采取"总—分"的形式，先用一句话概括缺点，然后通过具体事例来说明。

　　实用词句：能力、コミュニケーション、やる気、足りない、飽きっぽい、他人の意見を聞かない、時間を守れない、遅刻が多い、効率が悪い、頑固

　　实用句型：・～ましたが、～てしまいました。

结尾段：总结全文，要提及发挥优点和克服缺点这两个方面。

　　实用词句：長所を伸ばす、短所を克服する、努力する

　　实用句型：・～と同時に～ます。

　　　　　　・～ために～たいと思っています。

写作 89　一番好きな季節(3)

　　一年四季中，每个季节都有它独特的风景和特色。你最喜欢哪一个季节？请以「一番好きな季節」为题，写一篇短文。

写作要点：

1. 介绍你最喜欢的季节。

2. 叙述你的理由。

3. 谈谈你的感想。

写作要求：

1. 字数为300～350字。

2. 格式正确，书写清楚。

3. 使用「です・ます」体。

★ 提纲导写 ★

开头段：简单介绍自己最喜欢的季节。

　　　实用词句：暑さ、寒さ

　　　实用句型：・〜くも〜くもありません。

　　　　　　　　・〜ですから、〜が好きです。

主体段：叙述喜欢这个季节的理由，可以通过叙述这个季节里的一些活动来展开说明，叙述活动的同时表达自己的感想。

　　　实用词句：気候、紅葉、運動会、遠足、果物、食べ物、癒す、楽しむ、美しい、涼しい、柔らかい、爽やか

　　　实用句型：・〜ながら、〜ます。

　　　　　　　　・〜ので、〜です。

　　　　　　　　・〜（ら）れます。

结尾段：总结全文，与开头段呼应。

　　　实用词句：過ごしやすい、快適

　　　实用句型：・このように、〜が一番好きです。

写作 90　一番好きな季節(4)

　　一年四季中，每个季节都有它独特的风景和特色。你最喜欢哪一个季节？请以「一番好きな季節」为题，写一篇短文。

写作要点：

1. 介绍你最喜欢的季节。

2. 叙述你的理由。

3. 谈谈你的感想。

写作要求：

1. 字数为300～350字。

2. 格式正确，书写清楚。

3. 使用「です・ます」体。

★ 提纲导写 ★

开头段：简单介绍自己最喜欢的季节。

　　实用词句：寒い、苦手

　　实用句型：・～人もいますが、私は～。

　　　　　　　・～ですが、～です。

　　　　　　　・私にとって、～です。

主体段：叙述喜欢这个季节的理由，可以通过叙述这个季节里的一些活动来展开说明，叙述活动的同时表达自己的感想。

　　实用词句：雪遊び、雪合戦、スキー、正月、家族、お年玉、集まる、雪が降る、雪だるまを作る、積もる、止む、飾る、眺める、投げ合う、うれしい、面白い

　　实用句型：・～たら～ます。

　　　　　　　・～理由は～からです。

结尾段：总结全文，与开头段呼应。

　　实用词句：楽しい

　　实用句型：・～ですが、～です。

120

写作 91　運動と私たちの生活

对很多人来说，运动是生活中不可或缺的一部分。你平时会坚持运动吗？请以「運動と私たちの生活」为题，写一篇短文。

写作要点：

1. 简述你平时运动的情况，并表明你对运动与生活的关系的看法。
2. 说明你的理由。
3. 总结全文。

写作要求：

1. 字数为300～350字。
2. 格式正确，书写清楚。
3. 使用「です・ます」体。

★ 提纲导写 ★

开头段：简述自己平时运动的情况，表明自己的观点，观点要紧扣"运动在生活中很重要"这一点。

　　　实用词句：趣味、生活、役割を果たす、重要

　　　实用句型：・～ですから、よく～ます。

　　　　　　　　・～と思います。

主体段：阐述理由，可以列举三四个理由。

　　　实用词句：病気、リスク、効率、睡眠、ストレス解消、予防する、脂肪を減らす、改善する、出会う、定期的、精神的

　　　实用句型：・～理由として、～です。

　　　　　　　　・～と、～ます。

　　　　　　　　・～そうです。

　　　　　　　　・～し、～ます。

结尾段：补充说明过度运动对身体有害，并强调自己的观点。

　　　实用词句：注意する、心掛ける、過度、適度、かえって

　　　实用句型：・～から、～ましょう。

写作 92　たばこを吸うことについて

　　吸烟有害健康，现在很多城市都出台了在室内公共场所全面禁烟的规定。请以「たばこを吸うことについて」为题，写一篇短文。

写作要点：

1. 表明你对吸烟的看法。

2. 说明你的理由。

3. 总结全文。

写作要求：

1. 字数为300～350字。

2. 格式正确，书写清楚。

3. 使用「です・ます」体。

★ 提纲导写 ★

开头段：表明自己的观点。

　　　实用词句：健康、体、影響を与える、悪い

　　　实用句型：・〜ので〜ほうがいいと思います。

主体段：阐述理由，可以列举三四个理由。

　　　实用词句：ニコチン、一酸化炭素、有害物質、呼吸器官、肺、吸殻、
　　　　　　　　本人、他人、肺がんにかかる、健康被害を受ける、火災を
　　　　　　　　引き起こす

　　　实用句型：・〜だけでなく、〜ます。

　　　　　　　　・〜こともあります。

　　　　　　　　・〜よりも、〜です。

　　　　　　　　・〜と言われています。

结尾段：总结全文。

　　　实用词句：公共の場、全面禁煙

　　　实用句型：・このように、〜です。

　　　　　　　　・〜べきだと思います。

写作 93　車と私たちの生活

越来越多的人拥有了私家车，汽车成了我们生活中重要的组成部分，与此同时，汽车的增多也带来了一些问题。请以「車と私たちの生活」为题，写一篇短文。

写作要点：

1. 简述私家车增多的现象。

2. 阐述汽车与我们生活的关系，并表明你的看法。

3. 总结全文。

写作要求：

1. 字数为300～350字。

2. 格式正确，书写清楚。

3. 使用「です・ます」体。

★提纲导写★

开头段：简述随着生活水平提高，私家车越来越多的现状。

　　实用词句：生活、家庭、豊か、増える

　　实用句型：・～につれ、～ています。

主体段：叙述汽车给我们的生活和社会带来的改变，需要包括积极的方面和
　　　　消极的方面。

　　实用词句：家族旅行、ドライブ、送り迎え、節約、問題点、交通渋
　　　　　　　滞、排気ガス、大気汚染、保険料、ガソリン代、重い、高
　　　　　　　い、便利

　　实用句型：・～ことができます。

　　　　　　　・～ので、～ます。

结尾段：总结汽车的优缺点，并表达自己的主张。

　　实用词句：公共交通機関、電気自動車、心掛ける、利用する、環境に
　　　　　　　優しい、確かに、もちろん、できるだけ

　　实用句型：・～ですが、～です。

　　　　　　　・～ように～ましょう。

写作94　もし10万元当たったら

　　假如你买彩票（宝くじ）中了10万元，你会用它来做什么呢？请以「もし10万元当たったら」为题，写一篇短文。

写作要点：

1. 叙述中了彩票后你想做的事情。

2. 说明你的理由。

3. 总结全文。

写作要求：

1. 字数为300～350字。

2. 格式正确，书写清楚。

3. 使用「です・ます」体。

★提纲导写★

开头段：引出话题。

　　　实用词句：宝くじ、使う、考える

　　　实用句型：・～たら、～。

　　　　　　　　・～てみました。

主体段：具体叙述想做的事情，如买某件东西，去旅行，或者帮助他人等。

　　　实用词句：以前、余裕、支援、親孝行、新発売、学費、生活費、買

　　　　　　　　う、助ける、貯める、経済的、金銭的、思いきり

　　　实用句型：・～てあげます。

　　　　　　　　・ずっと前から～がほしかったです。

结尾段：总结自己想做的事情。

　　　实用词句：家族、自分、喜ぶ、役立つ

　　　实用句型：・～たら、～たいです。

写作 95　食事のマナー

用餐时，有很多需要注意的餐桌礼仪。请以「食事のマナー」为题，写一篇短文。

写作要点：

1. 简述餐桌礼仪的重要性。

2. 介绍日常生活中的餐桌礼仪。

3. 总结全文。

写作要求：

1. 字数为300～350字。

2. 格式正确，书写清楚。

3. 使用「です・ます」体。

★ 提纲导写 ★

开头段：简述餐桌礼仪的重要性。

　　实用词句：印象、雰囲気、相手の気持ち、守る

　　实用句型：・～ので、～ことは大事です。

主体段：具体介绍日常生活中最基本的一些餐桌礼仪。

　　实用词句：姿勢、箸、スープ、マナー違反、音を立てる、気をつける、気を配る、しゃべる、避ける、できるだけ

　　实用句型：・～なければなりません。

　　　　　　　・～てはいけません。

　　　　　　　・～ことです。

　　　　　　　・～ように、～たほうがいいです。

结尾段：号召大家注意餐桌礼仪，文明用餐。

　　实用词句：不快、楽しい、愉快、心掛ける

　　实用句型：・～ように、～ましょう。

写作 96　私の悩み

　　　　生活中会有各种各样的烦恼，如学习成绩不理想，不擅长人际交往，为前程担忧，与父母意见不合等。请以「私の悩み」为题，写一篇短文。

写作要点：

1. 叙述你的烦恼。

2. 说说你的想法。

3. 总结全文。

写作要求：

1. 字数为300～350字。

2. 格式正确，书写清楚。

3. 使用「です・ます」体。

★提纲导写★

开头段：简单说明自己的烦恼是什么。

　　　实用词句：進路、けんかする、誤解する、友だちができない、成績が
　　　　　　　　上がらない、意見が合わない

　　　实用句型：・～について、～て悩んでいます。

主体段：具体说明自己的烦恼，并表达自己的想法。

　　　实用词句：興味、趣味、気持ち、不安、心配する、素直、はっきり

　　　实用句型：・～たいと思っています。

　　　　　　　　・～より～にしたいです。

结尾段：总结全文，再次提出自己的烦恼。

　　　实用词句：あきらめる、打ち明ける、説得する、難しい

　　　实用句型：・～ですが、～て悩んでいます。

写作 97　後悔したこと

> 　　有没有什么事情是令你懊悔不已的？请以「後悔したこと」为题，写一篇短文。
>
> 写作要点：
> 1. 叙述一件令你感到后悔的事情。
> 2. 说说你的感想。
> 写作要求：
> 1. 字数为300～350字。
> 2. 格式正确，书写清楚。
> 3. 使用「です・ます」体。

★ 提纲导写 ★

> 开头段：概述自己感到后悔的一件事情。
> 　　　实用词句：夢中になる、怠ける、サボる、けんかする
> 　　　实用句型：・〜時期がありました。
> 　　　　　　　　・〜ことを後悔しました。
> 主体段：具体叙述自己感到后悔的事情，可以讲述这件事情带来的后果等。
> 　　　实用词句：不合格、危機感を覚える、合格する、受かる、叱る、成績
> 　　　　　　　　が下がる、がっかりする
> 　　　实用句型：・なかなか〜ませんでした。
> 　　　　　　　　・〜ことがありました。
> 　　　　　　　　・〜たり〜たりしました。
> 　　　　　　　　・〜ことはできませんでした。
> 结尾段：点题，再次提出该事情令自己感到后悔。
> 　　　实用词句：今でも、今後
> 　　　实用句型：・〜てもしかたがありません。
> 　　　　　　　　・これから〜たいです。

写作 98　今年の目標

> 我们每年都会给自己设定目标，提醒自己努力的方向。那么，你今年有什么目标呢？请以「今年の目標」为题，写一篇短文。
>
> 写作要点：
> 1. 谈谈你今年的目标是什么。
> 2. 说说你设定这些目标的理由。
>
> 写作要求：
> 1. 字数为300～350字。
> 2. 格式正确，书写清楚。
> 3. 使用「です・ます」体。

★提纲导写★

> 开头段：引出话题，介绍自己目前的状态，为下文做铺垫。
>
> 　　　实用词句：人生、分岐点、卒業する
>
> 　　　实用句型：・～になりました。
>
> 　　　　　　　　・～ています。
>
> 　　　　　　　　・～ので、～です。
>
> 主体段：具体讲述自己的目标，并说明理由，可以从学习、生活等方面来写。
>
> 　　　实用词句：第一志望、合格する、成績を上げる、習う、挑戦する、練習する、資格を取る、楽しむ
>
> 　　　实用句型：・～つもりです。
>
> 　　　　　　　　・～ことにしました。
>
> 　　　　　　　　・ですから、～たいです。
>
> 结尾段：总结全文，表明自己的决心等。
>
> 　　　实用词句：一生懸命、頑張る、向かう、後悔する
>
> 　　　实用句型：・～たいと思います。
>
> 　　　　　　　　・～ように、～ます。

写作99　最近身についた習慣

　　好习惯让人受益一生。我们在不断学习、养成良好习惯的过程中得到成长。请以「最近身についた習慣」为题，写一篇短文。

写作要点：

1. 叙述你养成这个习惯的经过。

2. 说说这个习惯带给你的好处。

3. 谈谈你的感想和看法。

写作要求：

1. 字数为300～350字。

2. 格式正确，书写清楚。

3. 使用「です・ます」体。

★提纲导写★

开头段：提出自己最近养成的某个习惯，并简述养成这个习惯的原因或背景等。

　　　实用词句：身につける

　　　实用句型：・～ように、～ました。

主体段：具体叙述养成这个习惯的经过，以及自己所做的尝试和努力。

　　　实用词句：最初、大変、だんだん、少しずつ、自然に、続ける

　　　实用句型：・～ようにしています。

　　　　　　　　・～ことにしました。

　　　　　　　　・～ことになりました。

　　　　　　　　・～を習慣化します。

结尾段：叙述这个新习惯带来的好处。

　　　实用词句：効率、上達する、楽になる、時間の節約になる

　　　实用句型：・～おかげで、～ことができます。

三、社会热点类题材

写作 100　大学生のアルバイトについて

　　进入大学后，有人会开始做一些兼职，也有人认为兼职会影响学习，对此持否定的态度。请以「大学生のアルバイトについて」为题，写一篇短文。

写作要点：

1. 谈谈你对大学生做兼职的看法。

2. 说明你的理由。

3. 总结全文。

写作要求：

1. 字数为300～350字。

2. 格式正确，书写清楚。

3. 使用「です・ます」体。

★提纲导写★

开头段：引出话题，表明自己的观点。观点需要全面、正确。

　　　实用词句：時間、学業、余裕

　　　实用句型：・～ながら～ます。

　　　　　　　　・～のは～と思います。

主体段：阐述理由。可以列举三四个理由。

　　　实用词句：経験、給料、責任感、コミュニケーション能力、人間関
　　　　　　　　係、就職、稼ぐ、付き合う、役立つ、充実する、楽しい、
　　　　　　　　様々

　　　实用句型：・～し～ます。

　　　　　　　　・～ことで、～ます。

结尾段：总结全文，表达自己的主张。

　　　实用词句：影響、範囲、場合

　　　实用句型：・～ことに賛成です。

　　　　　　　　・将来、～たいです。

写作 101　断捨離について

　　现在，越来越多的人开始尝试"断舍离"（断捨離）这样的生活方式，即减少不必要的物品，摆脱对物品的执着，追求极简的生活。请以「断捨離について」为题，写一篇短文。

写作要点：

1. 谈谈你对"断舍离"的看法。

2. 说说如何在生活中实践"断舍离"。

3. 总结全文。

写作要求：

1. 字数为300~350字。

2. 格式正确，书写清楚。

3. 使用「です・ます」体。

★ 提纲导写 ★

开头段：引出"断舍离"这一话题。

　　实用词句：言葉、注目を集める、流行る、使う

　　实用句型：・～という～。

主体段：叙述"断舍离"的好处以及在生活中如何实践。

　　实用词句：無駄遣い、余裕、減らす、増やす、処分する、捨てる、残
　　　　　　　す、要らない、快適、きれい

　　实用句型：・～と、～ます。

　　　　　　　・～ことで～ます。

　　　　　　　・～てから～。

结尾段：总结全文，表达自己的主张。

　　实用词句：効果、メリット、身の回り、実践する、少しずつ

　　实用句型：・～ので、～ましょう。

　　　　　　　・～てみたいです。

写作102　旅行の時のマナー

　　利用假期外出旅游的人越来越多。旅游时，我们有时会看到一些不文明的现象。请以「旅行の時のマナー」为题，写一篇短文。

写作要点：

1.叙述旅游时发现的一些不文明现象。

2.谈谈你对这些现象的感受及看法。

写作要求：

1.字数为300～350字。

2.格式正确，书写清楚。

3.使用「です・ます」体。

★提纲导写★

开头段：引出旅游中的不文明现象。

　　　实用词句：旅行先、観光スポット、出かける、出る、増える、落書き、ポイ捨て、マナー違反行為

　　　实用句型：・～ようになりました。

　　　　　　　　・～たことがあります。

主体段：通过具体事例叙述旅游中的不文明现象，并表达自己的感受及看法。

　　　实用词句：建物、建築物、美術館、博物館、作品、展示物、迷惑行為、触る、しゃべる、有名、残念、嫌

　　　实用句型：・～のに、～ました。

　　　　　　　　・～せいで、～。

结尾段：总结全文，提出自己的主张。

　　　实用词句：楽しい、快適、マナーを守る

　　　实用句型：・～ためには～が大切だと思います。

　　　　　　　　・～ほうがいいと思います。

132

写作 103　学歴について

　　現代社会十分重视学历。学历在找工作、晋升等方面都十分重要，但学历也不完全代表能力。请以「学歴について」为题，写一篇短文。

写作要点：

1. 表明你对学历的看法。

2. 说明你的理由。

3. 总结全文。

写作要求：

1. 字数为300～350字。

2. 格式正确，书写清楚。

3. 使用「です・ます」体。

★提纲导写★

开头段：指出学历的重要性。

　　实用词句：社会、大切

　　实用句型：・〜において〜。

　　　　　　　・〜と思います。

主体段：阐述学历所起到的作用，同时强调学历不代表一切。

　　实用词句：就職、昇進昇給、高学歴、努力、証明、認める、成功する、仕事ができる、プラスになる、優秀

　　实用句型：・〜ということは〜という〜です。

　　　　　　　・〜さえ〜ば、〜。

　　　　　　　・〜というわけではありません。

　　　　　　　・必ずしも〜とは限りません。

结尾段：总结全文，认可学历并不代表一切，但要肯定学历的重要性。

　　实用词句：すべて、確か

　　实用句型：・〜が、〜です。

　　　　　　　・〜たいです。

　　　　　　　・〜ほうがいいと思います。

写作 104　海の汚染について

　　人類社会的发展导致海洋环境不断遭到破坏。请以「海の汚染について」为题，写一篇短文。

写作要点：

1. 简述海洋污染的现状。
2. 说明海洋污染的原因。
3. 说说为了保护海洋我们能做的事情。

写作要求：

1. 字数为300～350字。
2. 格式正确，书写清楚。
3. 使用「です・ます」体。

★提纲导写★

开头段：引出海洋环境遭到污染的现状。

　　　实用词句：近年、ここ数年、経済発展、問題視、注目する、深刻

　　　实用句型：・〜に伴い、〜ようになりました。

主体段：分析海洋污染的原因，可以列举两三个原因。

　　　实用词句：ごみ、プラスチック、生物、餌、工場、排水、化学物質、汚す、破壊する、影響を与える

　　　实用句型：・〜には〜原因があります。

　　　　　　　・〜原因になります。

　　　　　　　・〜てしまいます。

结尾段：叙述为了保护海洋我们所能做的事情。

　　　实用词句：日頃、海辺、日常生活、対策を講じる、ごみを減らす、持ち帰る、身近

　　　实用句型：・〜てみましょう。

写作105　二十四節気について

　　"春雨惊春清谷天，夏满芒夏暑相连。秋处露秋寒霜降，冬雪雪冬小大寒。……"这首中国人熟知的"节气歌"暗含了二十四节气的先后顺序。二十四节气是古代中国劳动人民智慧的结晶。请以「二十四節気について」为题，写一篇短文。

写作要点：

1. 简单介绍二十四节气。

2. 叙述二十四节气与我们日常生活的关系。

3. 说说你的感想。

写作要求：

1. 字数为300～350字。

2. 格式正确，书写清楚。

3. 使用「です・ます」体。

★ 提纲导写 ★

开头段：简单介绍二十四节气。

　　实用词句：季節、分ける、伝統、昔から伝わってくる

　　实用句型：・〜は〜ものです。

主体段：通过具体事例来叙述二十四节气与日常生活的关系。

　　实用词句：農作業、風習、立春、清明、立夏、冬至

　　实用句型：・〜になると、〜ます。

　　　　　　　・〜たり、〜たりします。

　　　　　　　・〜は〜と深くかかわっています。

结尾段：表达对二十四节气的感想。

　　实用词句：先人、知恵、日常生活

　　实用句型：・〜ことで、〜ことができます。

写作106　地球環境を守るために私たちができること

保护环境，人人有责。在日常生活中，我们能为环保做的事情有很多，请以「地球環境を守るために私たちができること」为题，写一篇短文。

写作要点：

1. 谈谈我们可以为环保做哪些事情。
2. 表明你的看法。

写作要求：

1. 字数为300～350字。
2. 格式正确，书写清楚。
3. 使用「です・ます」体。

★提纲导写★

开头段：引出话题，可以概述我们能为环保做的事情有很多，也可以提出问题。

　　　实用词句：日々、日常生活、個人

　　　实用句型：〜ために、〜ます。

主体段：结合日常生活，具体叙述我们可以做的事情。

　　　实用词句：ごみ、使い捨て、リサイクル、エコバッグ、電気、エアコン、温度、分類する、捨てる、節約する、無駄にする

　　　实用句型：・〜ば、〜なります。

　　　　　　　　・〜ことが大事です。

结尾段：表明自己的看法，提出倡议。

　　　实用词句：一人ひとり、地球に優しい、心掛ける、取り組む、力を入れる

　　　实用句型：・〜ためには、〜が大切です。

　　　　　　　　・〜ましょう。

写作107　北京冬季オリンピックで一番感動したこと

　　2022年2月，北京成功举办了冬季奥运会。在奥运会期间，有没有让你特别感动的瞬间？请以「北京冬季オリンピックで一番感動したこと」为题，写一篇短文。

写作要点：

1. 叙述北京冬奥会期间令你感动的故事或瞬间。

2. 谈谈你的感想

写作要求：

1. 字数为300～350字。

2. 格式正确，书写清楚。

3. 使用「です・ます」体。

★ 提纲导写 ★

开头段：概述北京冬奥会给自己带来了感动。

　　实用词句：北京冬季オリンピック大会、行う、開催する

　　实用句型：・～に～が行われました。

　　　　　　　・～に大きな感動を与えました。

主体段：具体叙述令你感动的故事等，并表达自己的感想。

　　实用词句：スローガン、シーン、選手、活気、感心する、自信あふれる

　　实用句型：・～と思います。

　　　　　　　・～一番感動したのは～です。

结尾段：总结全文，从总体上表达自己的感想，表明对北京冬奥会的评价等。

　　实用词句：オリンピック精神、平和、認識する、すばらしい

　　实用句型：・～に深く感動しました。

写作 108　新型コロナウイルス感染症が終息したら

　　　新冠肺炎疫情给我们的生活带来了很大的变化。如果疫情结束了，你有没有特别想做的事情呢？请以「新型コロナウイルス感染症が終息したら」为题，写一篇短文。

写作要点：

1. 谈谈疫情结束之后你想做的事情。

2. 说说你的理由。

3. 谈谈你的感想。

写作要求：

1. 字数为300～350字。

2. 格式正确，书写清楚。

3. 使用「です・ます」体。

★提纲导写★

开头段：简述新冠病毒流行的概况，并提出疫情结束后有很多想做的事情等。

　　　实用词句：始まる、経つ、いろいろ、たくさん

　　　实用句型：・～たら、～たいです。

主体段：具体叙述想做的事情，可以举两三个例子，并简单说明理由。

　　　实用词句：コロナ禍、故郷、家族、友だち、旅行、コンサート、遊
　　　　　　　　　ぶ、心配する、自由、いっぱい、思う存分

　　　实用句型：・～ので、～たいです。

　　　　　　　　・～たかったのですが、～ました。

结尾段：表达自己的感想。

　　　实用词句：一日も早く、普段、戻る、祈る

　　　实用句型：・～てほしいと思います。

四、应用文与图表类作文

写作 109　佐藤先生への手紙

　　假如你是李明，上周你拿到了心仪的东城大学的录取通知书。请你写一封信，向教授日语的佐藤老师表示感谢。

写作要点：

1. 写出开头语和结束语。
2. 感谢佐藤老师一直以来的关照。
3. 说说自己进入大学后的打算。

写作要求：

1. 字数为300～350字。
2. 格式正确，书写清楚。
3. 使用「です・ます」体。

★ 提纲导写 ★

开头段：书信开头语。

主体段1：告知老师自己被心仪的大学录取，并向老师表示感谢。可通过具体事例来体现老师对自己的指导和关怀。

　　实用词句：第一志望、アドバイス、合格する、受かる、お世話になる、指導する、上達する、感謝する、親切

　　实用句型：・〜ことができました。

　　　　　　　・〜おかげで、〜。

　　　　　　　・〜ていただきました。

　　　　　　　・〜てくださいました。

主体段2：简单叙述自己进入大学后的学习计划等。

　　实用词句：始まる、勉強する、これからも

　　实用句型：・〜について〜。

结尾段：书信结束语。

写作 110　山田さんへの手紙

　　假如你是王小华，是一名高二的学生，你的留学生朋友山田新学期转学了。请你给山田写一封信。

写作要点：

1. 写出开头语和结束语。
2. 询问山田在新学校的情况，并说说自己现在的情况。
3. 约山田元旦假期碰个面，一起吃饭聊天。

写作要求：

1. 字数为300～350字。
2. 格式正确，书写清楚。
3. 使用「です・ます」体。

★ 提纲导写 ★

开头段：书信开头语。

主体段1：询问山田是否适应了新学校，并告知自己的近况，可以是学习或生活方面的。

　　实用词句：新学期、テスト、宿題、ストレス、スポーツ、経つ、慣れる、忙しい、寂しい、懐かしい

　　实用句型：・～てきました。

　　　　　　　・～から、～ます。

　　　　　　　・～ましたが、～ました。

主体段2：发出邀约，约山田元旦假期见面吃饭。

　　实用词句：元旦の休み、予定、食事、話

　　实用句型：・～たら、～ませんか。

　　　　　　　・～と思います。

结尾段：书信结束语。

写作 111　お母さんへのメモ

　　假如你是太郎，今天你邀请了朋友山田来家里玩，妈妈不在家。请你给妈妈写一张留言条，包含以下内容。

1. "我"刚刚接到了山田的电话，说他到我们家附近的车站了，但是不知道怎么走，所以现在出门去车站接他。

2. 接到山田之后，会先去家附近新开的书店看看，因为山田想找《日本近代史》这本书，学校的图书馆里没有。

3. 冰箱里没有饮料了，所以回来的时候会顺便去超市买果汁和茶饮回来。

4. 感觉天要下雨了，所以"我"把晾在阳台上的衣服收进来了。

5. 爸爸刚打电话来说晚上要加班，回家会很晚，不用给他准备晚饭了。

写作要点：

1. 写出留便条的理由。

2. 表述清楚以上5项内容。

写作要求：

1. 字数为300～350字。

2. 格式正确，书写清楚。

3. 使用「です・ます」体。

★提纲导写★

开头段：说明留便条的理由，即朋友山田来访，自己要去车站迎接。

　　　实用词句：着く、迎える

　　　实用句型：・〜予定です。

　　　　　　　　・〜そうです。

主体段：准确、自然地表述题目中给出的信息。多条信息可分小段进行叙述。

　　　实用词句：本屋、帰り、ベランダ、残業、帰宅、探す、干す、洗濯物を取り込む、用意する、遅い

　　　实用句型：・〜から、〜ます。

　　　　　　　　・〜と言われました。

结尾段：结束语。

写作 112　木村さんへのメール

　　假如你是留学生李平，这周五是朋友木村的生日，他邀请你参加周五晚上在他家举办的生日派对，你因故无法参加。请你给木村写一封邮件。

写作要点：

1. 感谢木村邀请自己参加生日派对。
2. 解释自己无法参加的原因。
3. 准备好的生日礼物当天让小张带过去给木村。

写作要求：

1. 字数为300～350字。
2. 格式正确，书写清楚。
3. 使用「です・ます」体。

★提纲导写★

开头段：寒暄。

主体段：对木村的邀请表示感谢，说明自己无法参加的原因，并说明当天会
　　　　让小张带生日礼物过去。

　　实用词句：アルバイト、病院、面接、都合、誘う、用意する、頼む、
　　　　　　　気に入る、残念

　　实用句型：・～なければなりません。

　　　　　　　・せっかく～のに、～。

结尾段：寒暄。

写作 113　一人旅について

　　某家旅游公司针对"一个人旅行的经历"进行了一次调查，下图是此次调查的结果。请根据图表所提供的信息和写作要点，以「一人旅について」为题，写一篇短文。

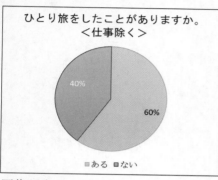

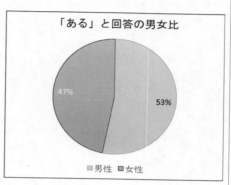

写作要点：

1. 综述图表所显示的具体信息。

2. 表明你对一个人旅行的看法。

3. 说说你的理由。

写作要求：

1. 字数为300～350字。

2. 格式正确，书写清楚。

3. 使用「です・ます」体。

★提纲导写★

开头段：引出该项问卷调查。

　　　实用词句：旅行会社、実施する、結果をまとめる

　　　实用句型：・～に関する～。

　　　　　　　　・～について～。

主体段：详细描述图表的信息，并表明自己对于一个人旅行的看法。

　　　实用词句：男女、性別、比率、魅力、人それぞれ、楽しむ、気を使う、同じ、ほぼ、大体、自由、気まま

　　　实用句型：・～たことがあります。

　　　　　　　　・～ことがわかりました。

　　　　　　　　・～と思います。

结尾段：补充说明一个人旅行的缺点，并表达自己的主张。

　　实用词句：安全面、危ない、不安、もちろん、確かに、たまに

　　实用句型：・～人もいるし、～人もいます。

　　　　　　　・～のもいいですが、～のもいいと思います。

Unit 4　写作达人训练

一、校园生活类题材

写作 114　一番尊敬する○○

你有没有十分尊敬的人，比如一位运动员、作家或者科学家？请以「一番尊敬する○○」为题，写一篇短文。

写作要点：

1. 介绍一个你尊敬的人。

2. 谈谈他（她）对你的影响。

写作要求：

1. 字数为300～350字。

2. 格式正确，书写清楚。

3. 使用「です・ます」体。

★提纲导写★

开头段：介绍一位自己最尊敬的人，可以介绍姓名以及主要作品或成就。

　　实用词句：スポーツ選手、オリンピック、金メダル、作家、作品、文
　　　　　　　学賞、科学者、受賞する、優勝する

　　实用句型：・〜て〜です。

主体段：具体讲述该人物的事迹。

　　实用词句：人一倍、努力、根気、熱意、才能、没頭する、あきらめ
　　　　　　　る、すばらしい、地道、立派、やっと

　　实用句型：・〜ながら〜ていました。

　　　　　　　・どんなに〜ても〜ません。

　　　　　　　・〜ことができました。

结尾段：讲述该人物对自己产生的积极影响。

　　实用词句：希望、勇気、将来、頑張る、決める

　　实用句型：・〜たいと思っています。

写作 115　高校生のスマホの使用について

　　智能手机越来越普及，已经融入我们的日常生活。很多高中生都拥有自己的智能手机。我们应该如何合理地使用智能手机呢？请以「高校生のスマホの使用について」为题，写一篇短文。

写作要点：

1. 叙述高中生使用智能手机的优点。
2. 叙述高中生使用智能手机的缺点。
3. 谈谈你的看法。

写作要求：

1. 字数为300～350字。
2. 格式正确，书写清楚。
3. 使用「です・ます」体。

★ 提纲导写 ★

开头段：引出越来越多的高中生使用智能手机的现状。

　　实用词句：普及、欠かせない、だんだん

　　实用句型：・～ています。

　　　　　　　・～てきました。

主体段：叙述高中生使用智能手机的优缺点，注意要从高中生的角度去叙述。

　　实用词句：メリット、デメリット、インターネット、アプリ、連絡、
　　　　　　　位置情報、動画、ゲーム、緊急時、調べる、役立つ、集中
　　　　　　　する、夢中になる、視力が下がる

　　实用句型：・～たら、～ます。

　　　　　　　・～し、～です。

　　　　　　　・～たり～たりして～です。

　　　　　　　・～。その一方で、～。

　　　　　　　・～だけでなく、～も～。

结尾段：总结全文，并提出自己的主张。

　　实用词句：専念する、活用する、注意する

　　实用句型：・このように、～。

　　　　　　　・～ために、～ほうがいいと思います。

写作 116　将来学びたいこと

作为即将步入大学的高中生，你将来想在大学学什么专业呢？请以「将来学びたいこと」为题，写一篇短文。

写作要点：

1. 介绍一下你想学的专业是什么。

2. 叙述想学这个专业的契机。

3. 谈谈自己学成之后的目标或想法。

写作要求：

1. 字数为300～350字。

2. 格式正确，书写清楚。

3. 使用「です・ます」体。

★提纲导写★

开头段：指出自己进入大学后想学的专业。

　　实用词句：文学、臨床心理学、経済学、医学、法学、哲学、教育学

　　实用句型：・〜たら、〜たいと思っています。

主体段：叙述想学这个专业的契机、原因。

　　实用词句：学問、知識、興味、専攻、驚く、調べる、決める

　　实用句型：・〜てみました。

　　　　　　　・〜について〜。

　　　　　　　・〜（よ）うと思うようになりました。

结尾段：写自己毕业后的打算，如想要从事的工作等。

　　实用词句：身につける、働く

　　实用句型：・〜たいと思っています。

　　　　　　　・〜たいです。

写作 117　チームワークについて

俗话说"团结就是力量"，团队合作是我们一直所倡导的精神。请以「チームワークについて」为题，写一篇短文。

写作要点：

1. 谈谈你对团队合作的看法。

2. 通过具体事例来说明你的理由。

3. 总结全文。

写作要求：

1. 字数为300～350字。

2. 格式正确，书写清楚。

3. 使用「です・ます」体。

★提纲导写★

开头段：表明自己对团队合作的看法，看法要紧扣"团队合作很重要"这一点。

　　实用词句：何事、個人、力、限界がある、大事

　　实用句型：～ので、～と思います。

主体段：通过具体事例来说明团队合作的重要性，可以叙述某次需要团队合作的活动等。

　　实用词句：役割、試合、活動、チームスポーツ、メンバー、分ける

　　实用句型：・～せいで、～てしまいました。

　　　　　　　・～を通じて、～を知りました。

结尾段：总结全文，再次强调自己的观点。

　　实用词句：効率、力を合わせる、目標を達成する

　　实用句型：・～ほうが～します。

　　　　　　　・～なければなりません。

148

写作118　一番好きなことわざ(1)

　　日语中有很多发人深省的谚语，如「塵も積もれば山となる」「聞くは一時の恥、聞かぬは一生の恥」「急がば回れ」等。请你以「一番好きなことわざ」为题，写一篇短文。

写作要点：

1. 介绍自己最喜欢的一句谚语。

2. 说说你喜欢这句谚语的理由。

3. 谈谈这句谚语对你的影响。

写作要求：

1. 字数为300～350字。

2. 格式正确，书写清楚。

3. 使用「です・ます」体。

★ 提纲导写 ★

开头段：介绍自己最喜欢的一句谚语。

　　　　实用词句：塵も積もれば山となる、聞くは一時の恥、聞かぬは一生の
　　　　　　　　　恥、急がば回れ、三人寄れば文殊の知恵、好きこそ物の上
　　　　　　　　　手なれ

　　　　实用句型：・～という意味です。

主体段：通过具体事例来说明为什么喜欢这句谚语。

　　　　实用词句：考える、出会う、続ける

　　　　实用句型：・～ましたが、なかなか～（ら）れませんでした。

　　　　　　　　　・～とわかりました。

　　　　　　　　　・～ことにしました。

　　　　　　　　　・～と決めました。

　　　　　　　　　・～ようになりました。

结尾段：简述这句谚语对自己的影响，如给自己带来的改变或给自己的启发
　　　　等。

　　　　实用词句：力、頑張る、支える、励ます

　　　　实用句型：・～のは～のおかげです。

写作 119　一番好きなことわざ(2)

　　　有没有让你感触深刻的谚语？请以「一番好きなことわざ」为题，写一篇短文。

写作要点：

1. 介绍你最喜欢的一句谚语。

2. 叙述具体事例，说明为什么会喜欢这句谚语。

3. 说说你的感受。

写作要求：

1. 字数为 300～350 字。

2. 格式正确，书写清楚。

3. 使用「です・ます」体。

★提纲导写★

开头段：介绍自己最喜欢的一句谚语。

　　实用词句：座右の銘、胸に残る、継続は力なり、千里の道も一歩から、努力に勝る天才なし、失敗は成功のもと、一期一会

　　实用句型：・～という意味です。

主体段：通过具体事例来说明为什么喜欢这句谚语，最好是叙述亲身经历。

　　实用词句：アドバイス、経験、練習、出会い、悩む、困る、気にする、続ける、克服する、伸びる、上達する、少しずつ、だんだん、何度も

　　实用句型：・～ようにしました。

　　　　　　　・～ようになりました。

　　　　　　　・～より～のほうが～。

结尾段：表达自己的感受或想法。

　　实用词句：信じる、強い、しみじみ、必ず

　　实用句型：・～ば、～ます。

　　　　　　　・～と思っています。

二、日常生活类题材

写作 120　10 年後の自分

　　你想象过10年后的自己会是怎样的吗？请以「10年後の自分」为题，写一篇短文。

写作要点：

1. 想象10年后自己的生活和工作状态。
2. 说说你的感想。
3. 总结全文。

写作要求：

1. 字数为300～350字。
2. 格式正确，书写清楚。
3. 使用「です・ます」体。

Step 2　Unit 4

★ 提纲导写 ★

开头段：概括性地介绍10年后的自己是什么样子，可以介绍工作等。

　　实用词句：先生、医者、サラリーマン、弁護士、学校、銀行、会社

　　实用句型：・～として～ています。

　　　　　　　・～になって、～ています。

主体段：具体想象10年后的自己的工作和生活细节，并表达感想。

　　实用词句：生徒、同僚、患者、お客様、夢を実現する、信頼する、結婚する、充実する、やりがいを感じる、忙しい、楽しい、積極的

　　实用句型：・きっと～でしょう。

　　　　　　　・～たり～たりします。

　　　　　　　・～ていると思います。

结尾段：总结全文，叙述为了实现想象中的10年后的生活，现在想要努力的事情等。

　　实用词句：理想、想像する、近づく、頑張る

　　实用句型：・～ですが、～です。

　　　　　　　・～ために、～たいと思います。

151

写作121　大切にしているもの

生活中，有没有你十分珍惜的物品？请以「大切にしているもの」为题，写一篇短文。

写作要点：

1.介绍你十分珍惜的一件物品。

2.叙述与之相关的故事。

3.说说你的感受。

写作要求：

1.字数为300～350字。

2.格式正确，书写清楚。

3.使用「です・ます」体。

★提纲导写★

开头段：引出你十分珍惜的一件物品。

　　实用词句：アルバム、写真、腕時計、万年筆、カメラ

　　实用句型：・それは～ものです。

主体段：具体叙述与这件物品相关的故事，一边叙事，一边表达感受。

　　实用词句：喜び、思い出、感動、寂しい、うれしい、忘れられない

　　实用句型：・～時に、～ました。

　　　　　　　・～から～をもらったのです。

结尾段：总结全文，再次表达这件物品对自己的重要性。

　　实用词句：宝物、力、支え、思い出す

　　实用句型：・～になっています。

　　　　　　　・私にとって、～。

写作 122　故郷の変化

　　这些年，经济迅速发展，各方面都有了很大的变化。你的家乡发生了哪些变化？请以「故郷の変化」为题，写一篇短文。

写作要点：

1. 叙述你的家乡的变化。

2. 说说你的感受。

3. 总结全文。

写作要求：

1. 字数为300～350字。

2. 格式正确，书写清楚。

3. 使用「です・ます」体。

★提纲导写★

开头段：简单介绍自己的家乡，并概述家乡的变化。

　　实用词句：経済の発展、変化、変わる

　　实用句型：・私の故郷は～にあります。

　　　　　　　・～に伴い、～。

主体段：具体描述家乡的变化，对比家乡的过去与现在。

　　实用词句：交通、繁華街、バス、地下鉄、施設、増える、建てる、通る、きれい、便利、豊か、賑やか

　　实用句型：・～ましたが、～ました。

　　　　　　　・～は～ことです。

　　　　　　　・昔は～。今は～。

结尾段：总结家乡的变化，并对家乡的未来做出美好的设想。

　　实用词句：ずいぶん、これからも、どんどん

　　实用句型：・～ていくでしょう。

写作 123　ロボットと私たちの生活

　　　机器人被广泛地应用于我们的生活中，机器人的种类也越来越多，如家里的扫地机器人、酒店的送餐机器人等。请以「ロボットと私たちの生活」为题，写一篇短文。

写作要点：

1. 叙述机器人在我们生活中的应用。
2. 谈谈你的感受。
3. 展望机器人的未来。

写作要求：

1. 字数为300～350字。
2. 格式正确，书写清楚。
3. 使用「です・ます」体。

★ 提纲导写 ★

开头段：引出生活中机器人越来越普及的现象。

　　　实用词句：日常生活、存在、注目、利用する、普及する、使う、増える、身近

　　　实用句型：・～つつあります。

主体段：具体叙述机器人在我们生活中的应用，并表达自己的感受。

　　　实用词句：家庭、家電製品、掃除ロボット、食器洗いロボット、洗濯ロボット、スマホ、人工知能、高齢者、介護、相手、操作する、搭載する、開発する

　　　实用句型：・～てくれています。

　　　　　　　　・～ことができます。

　　　　　　　　・～ようになりました。

结尾段：展望机器人的未来。

　　　实用词句：浸透する、欠かせない、大事

　　　实用句型：・～ていくと思います。

写作 124　広告と私たちの生活

> 　　现在，我们随时随地都可以看到很多广告，广告已渗透到我们的生活之中。请以「広告と私たちの生活」为题，写一篇短文。
>
> 写作要点：
>
> 1. 叙述广告与我们日常生活的关系。
>
> 2. 对于广告的利与弊，谈谈你的看法。
>
> 3. 说说应该如何应对广告。
>
> 写作要求：
>
> 1. 字数为300～350字。
>
> 2. 格式正确，书写清楚。
>
> 3. 使用「です・ます」体。

★ 提纲导写 ★

> 开头段：引出生活中广告随处可见这一现象。
>
> 　　　实用词句：あふれる、目にする
>
> 　　　实用句型：・～ています。
>
> 主体段：具体阐述广告的利与弊，可以从广告对我们消费行为的影响出发，
> 　　　　进行分析。
>
> 　　　实用词句：テレビ、新聞、雑誌、チラシ、購買行動、衝動買い、必
> 　　　　　　　　要、載る、配布する、情報を提供する
>
> 　　　实用句型：・～。一方で、～。
>
> 　　　　　　　　・～こともあります。
>
> 结尾段：总结全文，并指出应该如何应对广告。
>
> 　　　实用词句：場所、場面、機会、接する、活用する、振り回す、注意す
> 　　　　　　　　る
>
> 　　　实用句型：・～一方で、～ます。
>
> 　　　　　　　　・～ように～ましょう。

写作 125　タピオカミルクティーについて

　　珍珠奶茶因价格便宜、口味多样，在年轻消费群中很受欢迎。请以「タピオミルクティーについて」为题，写一篇短文。

写作要点：

1. 简述珍珠奶茶受欢迎的现状。

2. 分析其原因，并说说喝珍珠奶茶所引发的问题。

3. 谈谈你的看法。

写作要求：

1. 字数为300～350字。

2. 格式正确，书写清楚。

3. 使用「です・ます」体。

★ 提纲导写 ★

开头段：引出珍珠奶茶受年轻人欢迎的现状。

　　　实用词句：若者、街中、店舗、値段が安い、おいしい、楽しい、人気が高い

　　　实用句型：・～を中心に～。

主体段：结合自己或身边的人的经历，阐述珍珠奶茶受欢迎的原因，并指出问题。

　　　实用词句：ストロー、糖分、高カロリー、ポイ捨て、ごみ問題、吸い上げる、食べる、注意する、体によくない、悪い影響を与える

　　　实用句型：・～そうです。

　　　　　　　　・～ことが問題になっています。

　　　　　　　　・～ことを知りました。

结尾段：表明自己的看法。

　　　实用词句：飲みすぎ、ごみ、容器、気をつける

　　　实用句型：・～ましょう。

写作 126　感動したこと

　　　生活中有很多让人感动的事情。请以「感動したこと」为题，写一篇短文。

写作要点：

1. 叙述一件让你感动的事情。

2. 说说你的感受。

写作要求：

1. 字数为300～350字。

2. 格式正确，书写清楚。

3. 使用「です・ます」体。

★ 提纲导写 ★

开头段：简单叙述事情发生的时间、背景等。

　　　实用词句：家族、友だち

　　　实用句型：・～の頃、～ました。

　　　　　　　　・～たことがあります。

主体段：叙述事情发生的经过，并表达自己的感受。

　　　实用词句：落ち込む、困る、励ます、慰める、涙が出る

　　　实用句型：・～たら、～ました。

　　　　　　　　・～のです。

　　　　　　　　・～てくれました。

　　　　　　　　・～てうれしかったです。

结尾段：总结全文。

　　　实用词句：忘れる、覚える

　　　实用句型：・なかなか～ません。

写作 127　失敗から学んだこと

　　每个人在生活中都会遭遇大大小小的失败。有没有让你印象深刻的失败的经历？你从中学到了什么？请以「失敗から学んだこと」为题，写一篇短文。

写作要点：

1.叙述一次失败的经历。

2.说说你的感受。

写作要求：

1.字数为300～350字。

2.格式正确，书写清楚。

3.使用「です・ます」体。

★提纲导写★

开头段：引出话题，指出谁都会遭遇失败，从失败中可以学到很多东西。

　　　实用词句：人生、生活、誰でも

　　　实用句型：・～において～。

主体段：叙述一次失败的经历，并表达自己的感受。

　　　实用词句：能力、原因、対策、準備不足、ミス、優れる、褒める、サ
　　　　　　　　ボる、怠ける、考える、後悔する、反省する、うまくい
　　　　　　　　く、成長する、活かす、悔しい

　　　实用句型：・～ていました。

　　　　　　　　・～ようになりました。

结尾段：总结从这次失败中学到的东西。

　　　实用词句：体験、能力、姿勢、自信、コミュニケーション、大切さ

　　　实用句型：・～を通じて、～ということを学びました。

写作 128　○○体験

学生时代，我们会参加各种各样的比赛，如体育比赛、合唱比赛或者演讲比赛等。请以「○○体験」为题，写一篇短文。

写作要点：

1. 叙述你参加过的一次比赛。
2. 说说你的感受。
3. 总结全文。

写作要求：

1. 字数为300～350字。
2. 格式正确，书写清楚。
3. 使用「です・ます」体。

★ 提纲导写 ★

开头段：简单介绍自己参加过的一次比赛。

　　　　实用词句：スピーチコンテスト、合唱コンクール、試合、大会、参加
　　　　　　　　　する、いい経験になる

　　　　实用句型：・〜たことがあります。

主体段：具体叙述这次经历，一边叙事，一边表达自己的感受。

　　　　实用词句：挑戦する、応募する、緊張する、練習する、一生懸命、繰
　　　　　　　　　り返し、何回も

　　　　实用句型：・〜たり〜たりしました。

　　　　　　　　　・〜ために、〜ました。

　　　　　　　　　・〜ことができました。

结尾段：总结这次比赛的收获和感悟等。

　　　　实用词句：短所、努力、チームワーク、力を合わせる、克服する、感
　　　　　　　　　じる、実感する

　　　　实用句型：・〜から〜を学びました。

　　　　　　　　　・〜と実感しました。

写作 129　ボランティア活動の体験

　　　学校或者小区、街道等经常会组织丰富多样的志愿者活动，如清洁打扫、宣传垃圾分类等活动。请以「ボランティア活動の体験」为题，写一篇短文。

写作要点：
1. 叙述一次参加志愿者活动的经历。
2. 说说你的感受。
3. 总结全文。

写作要求：
1. 字数为300～350字。
2. 格式正确，书写清楚。
3. 使用「です・ます」体。

★提纲导写★

开头段：简单介绍自己参加过的一次志愿者活动。
　　　实用词句：去年、先月、この間、夏休み、冬休み、清掃活動、老人
　　　　　　　　ホーム、幼稚園
　　　实用句型：・～に、～ました。
主体段：具体叙述活动的内容，并表达自己的感受。
　　　实用词句：道具、食べ残し、ごみ、プラスチック、捨てる、拾う、集
　　　　　　　　める、話し合う、教える、手伝う、驚く、喜ぶ
　　　实用句型：・～ことになりました。
　　　　　　　　・～から～まで～。
　　　　　　　　・～には～てほしいです。
　　　　　　　　・～ようになりました。
结尾段：总结全文。
　　　实用词句：機会、今度、これからも
　　　实用句型：・～てよかったです。
　　　　　　　　・～ば、～たいです。

写作 130　健康管理について

　　现代社会，人们忙于学习和工作，容易忽视健康管理。请以「健康管理について」为题，写一篇短文。

写作要点：

1. 谈谈你对健康管理的看法。
2. 说说健康管理的具体方法。
3. 总结全文。

写作要求：

1. 字数为300～350字。
2. 格式正确，书写清楚。
3. 使用「です・ます」体。

Step 2　Unit 4

★ 提纲导写 ★

开头段：表明观点，观点要紧扣"健康管理很重要"这一点。

　　实用词句：勉強、仕事、気をつける、忙しい、疎か、健康的、大事

　　实用句型：・～がちです。

　　　　　　　・～ので、～なければなりません。

主体段：叙述健康管理的具体方法，可以采用"总—分"的形式，列举三四个方面。

　　实用词句：睡眠、栄養バランス、心身、効果、生活習慣病、うつ病、気分転換、ストレス解消、保つ、維持する、引き起こす、確保する、重視する、適度、必要

　　实用句型：・～には～が大切です。

　　　　　　　・～ので、～します。

　　　　　　　・～だけでなく、～も～。

结尾段：总结全文，提出自己的主张。

　　实用词句：日々、習慣、意識する、改善する、過ごす、心掛ける

　　实用句型：・～ましょう。

写作 131　私のストレス解消法

> 　　日常生活或学习中，我们时常会感受到压力。你平时是如何给自己减压的呢？请以「私のストレス解消法」为题，写一篇短文。
>
> 写作要点：
>
> 1. 叙述你的减压方法。
> 2. 说说你的感受。
>
> 写作要求：
>
> 1. 字数为300～350字。
> 2. 格式正确，书写清楚。
> 3. 使用「です・ます」体。

★ 提纲导写 ★

> 开头段：提出话题，即压力与减压方法。
> 　　实用词句：受験勉強、ストレスがたまる、解消する
> 　　实用句型：・どうやって～ますか。
> 　　　　　　　・～ませんか。
> 主体段：具体叙述自己的减压方法，可以提两三种方法，并表达自己的感受。
> 　　实用词句：ランニング、おいしいものを食べる、部屋を片付ける、友だちとおしゃべりをする、映画を見る、落ち込む、すっきりする、楽になる、慰める、アドバイスをもらう
> 　　实用句型：・～と、～（ら）れます。
> 　　　　　　　・～ながら、～ます。
> 　　　　　　　・～ことで、～になれます。
> 结尾段：总结观点。
> 　　实用词句：見つける、乗り越える
> 　　实用句型：・～ましょう。

写作 132　目標を立てることについて

　　无论做什么事情，制订目标都是非常重要的一步。请以「目標を立てることについて」为题，写一篇短文。

写作要点：

1. 谈谈制订目标的重要性。

2. 阐述制订目标时的注意事项。

3. 总结全文。

写作要求：

1. 字数为300～350字。

2. 格式正确，书写清楚。

3. 使用「です・ます」体。

★提纲导写★

开头段：开篇点明主旨，即制订目标很重要，并阐述为什么重要。

　　实用词句：自信、モチベーション、行動する、達成する

　　实用句型：・〜ことで、〜ます。

　　　　　　　・〜ためには、〜ようになります。

主体段：阐述如何制订目标以及应该注意哪些方面，可以从两三个方面进行阐述。

　　实用词句：注意する、設定する、挫折する、あきらめる、落ち込む、具体的、適切

　　实用句型：・〜ことです。

　　　　　　　・〜と、〜からです。

结尾段：总结如何制订目标。

　　实用词句：能力、計画、合う

　　实用句型：・〜ことが大切です。

写作 133　苦手なこと

你有没有特别不擅长的事情？请以「苦手なこと」为题，写一篇短文。

写作要点：

1. 叙述自己不擅长的一件事情。

2. 说说自己为了克服这件事情所做的努力等。

3. 谈谈自己的感想。

写作要求：

1. 字数为300～350字。

2. 格式正确，书写清楚。

3. 使用「です・ます」体。

★提纲导写★

开头段：点明自己不擅长的事情是什么。

　　实用词句：人前で話す、断る、決断する、すぐあきらめる

　　实用句型：・～のが苦手です。

　　　　　　　・～と、～てしまいます。

主体段：通过具体事例来叙述自己不擅长的事情，以及为此所做的努力等。

　　实用词句：緊張する、忘れる、相談する、アドバイス、長続き

　　实用句型：・～て、～（ら）れません。

　　　　　　　・～ことで、～なります。

　　　　　　　・～そうです。

结尾段：表达自己想克服不擅长的事情的愿望。

　　实用词句：頑張る、克服する

　　实用句型：・～たいです。

　　　　　　　・～ように～ています。

　　　　　　　・～ために、～ていきたいと思います。

写作 134　友情を大切に

　　友情是非常珍贵、美好的情感。通过和朋友互相帮助、互相鼓励，我们可以克服困难，共同成长。请以「友情を大切に」为题，写一篇短文。

写作要点：

1. 简述朋友的重要性。

2. 通过具体事例叙述友情的珍贵。

3. 说说自己的感想。

写作要求：

1. 字数为300～350字。

2. 格式正确，书写清楚。

3. 使用「です・ます」体。

★提纲导写★

开头段：概述朋友在生活中的重要性。

　　实用词句：存在、楽しい、思い出

　　实用句型：・～のおかげで、～ます。

主体段：通过叙述自己与朋友之间发生的事情来表现友情的珍贵。

　　实用词句：親友、きっかけ、知り合う、助ける、共有する

　　实用句型：・～がきっかけで、～なりました。

　　　　　　　・～てくれました。

　　　　　　　・～のおかげで、～ました。

结尾段：表达自己的感想。

　　实用词句：笑う、慰める、励ます、宝物

　　实用句型：・～を大事にします。

写作 135 あいさつについて

　　　毎天，我们都会和身边的人打招呼。寒暄在日常生活中十分重要。请以「あいさつについて」为题，写一篇短文。

写作要点：

1.谈谈寒暄在我们日常生活中的作用。

2.说说你的感想。

写作要求：

1.字数为300～350字。

2.格式正确，书写清楚。

3.使用「です・ます」体。

★提纲导写★

开头段：概述寒暄在日常生活中的重要性。

　　　实用词句：人間関係、基本、欠かせない

　　　实用句型：・～は～と言えます。

主体段：具体阐述寒暄的作用，如令人心情愉快，可以给人留下好印象等。

　　　实用词句：コミュニケーション、初対面、印象、尊敬、関心、信頼関
　　　　　　　　　係、明るい、気持ちがいい、うれしい、円滑、声をかける

　　　实用句型：・～ことで～ことができます。

　　　　　　　　・～をきっかけに、～ます。

结尾段：表达自己的感想。

　　　实用词句：魔法、笑顔、元気よく、進んで

　　　实用句型：・～ましょう。

写作 136　思いやりの心

　　我们可以通过小小的善举，为他人带去温暖与希望。但在忙碌的现代生活中，人们常常忘记关爱与体谅。请以「思いやりの心」为题，写一篇短文。

写作要点：

1. 简述关爱的含义或特点。

2. 叙述生活中发生的体现出关爱之心的事情。

3. 说说你的感想或看法。

写作要求：

1. 字数为300～350字。

2. 格式正确，书写清楚。

3. 使用「です・ます」体。

★ 提纲导写 ★

开头段：简述何谓关爱之心。

　　　实用词句：相手、気持ち、立場、考える

　　　实用句型：・～ことは～ことです。

　　　　　　　　・～とは～という意味です。

主体段：叙述体现出关爱之心的具体事情。

　　　实用词句：他人、お年寄り、喜び、感動、行動する、席を譲る、道を
　　　　　　　　案内する、見かける、優しい、親切

　　　实用句型：・～てあげます。

　　　　　　　　・～てくれます。

结尾段：表达自己的感想。

　　　实用词句：これから、常に、日々、日頃、心掛ける

　　　实用句型：・～たいと思います。

　　　　　　　　・～を心掛けましょう。

三、社会热点类题材

写作 137　シェア自転車について

　　現在，城市里随处可见共享单车的身影。共享单车解决了"最后一公里"的难题，方便了人们的出行，但也出现了一些批判的声音。请以「シェア自転車について」为题，写一篇短文。

写作要点：

1. 叙述共享单车的优点。
2. 叙述共享单车带来的问题。
3. 表明你的看法。

写作要求：

1. 字数为300～350字。
2. 格式正确，书写清楚。
3. 使用「です・ます」体。

★ 提纲导写 ★

主体段1：引出现象，并阐述共享单车的优点，可以列举三四个方面。

　　　实用词句：特徴、魅力、メリット、見かける、止める、乗り捨てる、
　　　　　　　　使い勝手がいい、利用料金が安い、環境に優しい、気軽、
　　　　　　　　簡単

　　　实用句型：・～（ら）れます。
　　　　　　　　・～て～です。

主体段2：阐述共享单车存在的问题，可以列举三四个方面。

　　　实用词句：交通ルール、かご、運営会社、利用者、倒産する、邪魔に
　　　　　　　　なる、危険

　　　实用句型：・～人もいます。
　　　　　　　　・～こともあります。

结尾段：表明观点。

　　　实用词句：ルールを守る、安全、大切、重要

　　　实用句型：・～なければなりません。
　　　　　　　　・～ことが重要だと思います。

写作 138　未来の社会への想像

　　未来社会会是什么样子的呢？请以「未来の社会への想像」为题，写一篇短文。

写作要点：

1. 举例说明你想象中的未来社会的样子。
2. 说说你的感想。

写作要求：

1. 字数为300～350字。
2. 格式正确，书写清楚。
3. 使用「です・ます」体。

★ 提纲导写 ★

开头段：从总体上叙述对未来社会的想象。

　　实用词句：科学技術、発展する、進歩する、飛躍的、豊か

　　实用句型：・～ようになります。

主体段：具体描述对未来社会的想象。

　　实用词句：乗り物、自動運転、人工知能、発達、脱炭素社会、自然、
　　　　　　　ロケット、ロボット、普及する、改善する、取り戻す

　　实用句型：・～ことが可能になります。

　　　　　　　・～が～の代わりに～てくれます。

　　　　　　　・～ことができると思います。

结尾段：表达对未来社会的期待。

　　实用词句：努力、実現する、期待する、わくわく

　　实用句型：・～と、～ます。

　　　　　　　・～ためには、～が大事だと思います。

写作 139　モバイル決済について

　　現在，越来越多的人使用移动支付，而不用现金或者刷卡了。请以「モバイル決済について」为题，写一篇短文。

写作要点：

1. 阐述移动支付的优缺点。

2. 说出你的选择和理由。

写作要求：

1. 字数为300～350字。

2. 格式正确，书写清楚。

3. 使用「です・ます」体。

★提纲导写★

开头段：引出越来越多的人使用移动支付这一现象。

　　　实用词句：スマホ、端末、IT技術、代金を支払う、使う、普及する

　　　实用句型：・～に伴い、～。

主体段：阐述移动支付的优缺点，可以分别列举两三个优点和缺点。

　　　实用词句：メリット、デメリット、財布、現金、会計、支払い、レジに並ぶ、お金を下ろす、電池が切れる

　　　实用句型：・～から～です。

　　　　　　　　・～必要はなくなりました。

　　　　　　　　・～わけではありません。

结尾段：表明自己的选择及其理由。

　　　实用词句：暗証番号、安心する

　　　实用句型：・～より～。

　　　　　　　　・～からです。

写作 140　情報化社会

現在是信息化社会，通过网络可以查找到各种所需的信息，但信息的泛滥也带来了很多问题。请以「情報化社会」为题，写一篇短文。

写作要点：

1. 简述信息化社会的特征。
2. 阐述信息化社会的利弊。
3. 谈谈自己的看法。

写作要求：

1. 字数为300～350字。
2. 格式正确，书写清楚。
3. 使用「です・ます」体。

★提纲导写★

开头段：引出话题，简单介绍信息化社会。

　　实用词句：インターネット、手に入る、様々、簡単

　　实用句型：・～と言われています。

　　　　　　　・～ようになりました。

主体段：阐述信息化社会的利弊。可以分别列举两三个方面。

　　实用词句：リアルタイム、タイミング、オンライン、地域、課題、真
　　　　　　　実、真偽、共有する、頼る、考える、検索する、見分ける

　　实用句型：・～は～ことです。

　　　　　　　・～ことができます。

　　　　　　　・～とは限りません。

　　　　　　　・～が必要になります。

结尾段：表达自己的看法，如该怎么应对信息化社会。

　　实用词句：恩恵を受ける、情報に惑わされる、注意する、気をつける

　　实用句型：・～一方で、～。

　　　　　　　・～が必要です。

写作 141　都市化について

　　　现在，越来越多的人选择去大城市生活和工作，城市化的进程正在逐步加快。请以「都市化について」为题，写一篇短文。

写作要点：

1.简单介绍城市化的现象。

2.谈谈城市化带来的影响。

3.总结全文。

写作要求：

1.字数为300～350字。

2.格式正确，书写清楚。

3.使用「です・ます」体。

★提纲导写★

开头段：引出城市化这一现象。

　　　实用词句：農村部、都市部、人口、産業、集中する

　　　实用句型：・～ています。

　　　　　　　　・～てきました。

主体段：具体说明城市化带来的影响，可以采用"总—分"的写法。

　　　实用词句：住居、医療施設、家賃、物価、供給、自家用車、渋滞、大
　　　　　　　　気汚染、ごみ、労働力、発生する、対応する、排出する、
　　　　　　　　減少する

　　　实用句型：・～人がいます。

　　　　　　　　・～が問題になっています。

　　　　　　　　・～一方で、～。

　　　　　　　　・～し、～ます。

结尾段：总结全文。

　　　实用词句：進む、今後、さらに

　　　实用句型：・～ことが予測されています。

写作 142　中国の伝統文化について

　　中国有很多优良的传统文化，如杂技、京剧、武术以及民族乐器等。请以「中国の伝統文化について」为题，写一篇短文。

写作要点：

1. 简单介绍一项你熟悉的传统文化。

2. 结合具体事例，说说你对这项传统文化的体验。

3. 谈谈你的感想或看法。

写作要求：

1. 字数为300～350字。

2. 格式正确，书写清楚。

3. 使用「です・ます」体。

★提纲导写★

开头段：引出自己想要介绍的一项传统文化。

　　实用词句：古代、歴史、特徴、優れる、人気が高い

　　实用句型：・～で、～です。

主体段：具体介绍这项传统文化的特征以及自己的体验等。

　　实用词句：公演、役者、演技、演奏、興奮する、すばらしい

　　实用句型：・～と言われています。

　　　　　　　・～たことがあります。

　　　　　　　・～だけでなく、～も～。

结尾段：表达自己的感想。

　　实用词句：誇り、守る

　　实用句型：・～と思っています。

写作 143　ブラインドボックスについて

現在，年轻人当中十分流行买盲盒（ブラインドボックス）。由于开盒之前不知道里面是什么，因此吸引了很多人去买。但盲盒也带有赌博性质（ギャンブル性），很多青少年为了收集自己喜欢的玩偶而花很多钱。请以「ブラインドボックスについて」为题，写一篇短文。

写作要点：

1. 介绍盲盒流行的现状。

2. 阐述盲盒流行的原因以及带来的问题。

3. 说说你的看法。

写作要求：

1. 字数为300～350字。

2. 格式正确，书写清楚。

3. 使用「です・ます」体。

★ 提纲导写 ★

开头段：概述盲盒流行的现状。

　　实用词句：ここ数年、最近、近年、流行る、大人気

　　实用句型：・～がブームになっています。

主体段：具体阐述盲盒流行的原因以及带来的问题。

　　实用词句：漫画、アニメのフィギュア、文房具、不確実性、楽しみ、
　　　　　　　ギャンブル性、過剰消費、心を掴む、交換する、手に入れ
　　　　　　　る、夢中になる

　　实用句型：・～ないと、～ません。

　　　　　　　・～傾向があります。

　　　　　　　・～ために、～そうです。

结尾段：表达自己对盲盒的看法。

　　实用词句：つい、注意する

　　实用句型：・～なければなりません。

写作 144　北京冬季オリンピックで一番印象に残った選手

　　在北京冬奥会中，有没有令你印象深刻的运动员？请以「北京冬季オリンピックで一番印象に残った選手」为题，写一篇短文。

写作要点：

1. 介绍一位北京冬奥会中令你印象深刻的运动员。

2. 叙述这位运动员的事迹等。

3. 说说你的感想。

写作要求：

1. 字数为300～350字。

2. 格式正确，书写清楚。

3. 使用「です・ます」体。

★ 提纲导写 ★

开头段：引出话题，简单介绍北京冬奥会中令自己印象深刻的运动员。

　　　　实用词句：活躍、行う、印象に残る

　　　　实用句型：・一番印象に残ったのは～選手です。

主体段：具体叙述这位运动员的事迹，可以写冬奥会上的表现以及日常生活中的故事等。

　　　　实用词句：メダル、実力、自信、精神力、粘り強さ、獲得する、驚く、調べる、参加する、見事、謙虚

　　　　实用句型：・～と言っていました。

　　　　　　　　　・～たことがあります。

　　　　　　　　　・～によると、～そうです。

结尾段：表达自己的感想，如从这位运动员身上学到的精神与品质。

　　　　实用词句：見習う、頑張る

　　　　实用句型：・～（よ）うと思います。

　　　　　　　　　・～てほしいと思います。

写作 145　コロナ禍で思ったこと

　　新冠疫情（コロナ禍_か）给我们的生活带来了很大的变化。对于这次疫情，你有什么所思所想吗？请以「コロナ禍で思ったこと」为题，写一篇短文。

写作要点：

1. 概述新冠疫情对生活的影响。

2. 通过具体事例，叙述生活中发生的改变。

3. 说说你的感想。

写作要求：

1. 字数为300～350字。

2. 格式正确，书写清楚。

3. 使用「です・ます」体。

★提纲导写★

开头段：概述新冠疫情给我们的生活带来了很大的改变。

　　实用词句：蔓延する、始まる

　　实用句型：・〜は〜に様々な変化をもたらしました。

主体段：具体叙述生活中的改变，如学校上网课、不能去国外旅游等。

　　实用词句：感染拡大、オンライン授業、故郷、海外旅行、中止する

　　实用句型：・〜ことになりました。

　　　　　　　・〜たいです。

　　　　　　　・〜（ら）れませんでした。

结尾段：表达自己的感想和愿望。

　　实用词句：日常生活、普通、当たり前、ありがたい、気付く、戻る

　　实用句型：・どれほど〜ものなのか〜。

　　　　　　　・〜ということに気付きました。

　　　　　　　・1日も早く〜てほしいです。

　　　　　　　・〜たら、〜たいです。

四、应用文与图表类作文

写作146　山下さんへの手紙

　　假如你是王静，马上就要放寒假了，前不久日本朋友山下给你寄来了信和生日礼物。请你给山下写一封回信表示感谢，并介绍中国的春节。

写作要点：

1.写出开头语和结束语。

2.感谢山下的来信和礼物。

3.介绍你家春节里做的事情。

写作要求：

1.字数为300～350字。

2.格式正确，书写清楚。

3.使用「です・ます」体。

★提纲导写★

开头段：书信开头语。

主体段：感谢山下的来信和礼物，并介绍自己将如何度过春节。

　　实用词句：プレゼント、冬休み、春節、習慣、大晦日、定番の行事、
　　　　　　　届く、集まる、揃う、準備する、用意する、可愛い、お
　　　　　　　しゃれ

　　实用句型：・〜て〜です。

　　　　　　　・〜たり〜たりして〜ます。

　　　　　　　・〜ながら〜ます。

结尾段：书信结束语。

写作 147　高橋さんへの手紙

　　假如你是李明，暑假打算去日本旅游。请你给在日本东京的朋友高桥写一封信。

写作要点：

1.写出开头语和结束语。

2.告知高桥自己去日本旅游的计划。

3.询问高桥是否有空见面。

写作要求：

1.字数为300～350字。

2.格式正确，书写清楚。

3.使用「です・ます」体。

★提纲导写★

开头段：书信开头语。

主体段：介绍自己日本旅游的行程，并约高桥见一面。

　　　　实用词句：スカイツリー、タワー、浅草、東京ディズニーランド、世
　　　　　　　　　界一、観光スポット、町並み、おすすめ

　　　　实用句型：・～予定です。

　　　　　　　　　・～つもりです。

　　　　　　　　　・～たことがありません。

　　　　　　　　　・～から～まで～ます。

　　　　　　　　　・～たら、～ませんか。

结尾段：书信结束语。

写作 148　送別会でのあいさつ

　　假如你是一名留学生，在日本留学一年即将回国，大家将为留学生举办送别会，你将作为留学生代表发表一段致辞。请你写一篇发言稿。

写作要点：

1. 回顾在日本的留学生活。

2. 对老师和同学表示感谢。

3. 说说你回国后的计划。

写作要求：

1. 字数为300～350字。

2. 格式正确，书写清楚。

3. 使用「です・ます」体。

★ 提纲导写 ★

开头段：寒暄，对大家为留学生举办送别会表示感谢。

　　　实用词句：本日、留学生代表、送别会を開く、あいさつする

　　　实用句型：・～ために～ます。

　　　　　　　　・～ていただきます。

　　　　　　　　・～として～。

主体段：回顾在日本的留学生活，叙述具体事例，并对这期间关照过自己的老师和同学表示感谢。同时简单说说自己回国后的打算。

　　　实用词句：慣れる、支える、困る、連れる、寂しい、楽しい、大変

　　　实用句型：・～たばかり～。

　　　　　　　　・～おがげで、～。

　　　　　　　　・～たり～たりしました。

　　　　　　　　・～ことができました。

结尾段：再次表达感谢之情。

　　　实用词句：お世話になる、感謝する、本当に

　　　实用句型：・～てくださいました。

　　　　　　　　・～いたします。

写作 149　山本さんへの手紙

> 假如你是王芳，收到了日本朋友山本的来信。山本计划暑假来你所在的城市旅游。请你给山本写一封回信，提供一些旅游方面的信息。
>
> 写作要点：
>
> 1.写出开头语和结束语。
>
> 2.表达希望能和山本见面的愿望。
>
> 3.向山本介绍你所在的城市的特色，推荐一些旅游景点等。
>
> 写作要求：
>
> 1.字数为300～350字。
>
> 2.格式正确，书写清楚。
>
> 3.使用「です・ます」体。

★提纲导写★

> 开头段：书信开头语。
>
> 主体段：向山本推荐你所在的城市的旅游景点，并约山本见面。
>
> 　　　　实用词句：いらっしゃる、観光名所、風景、景色、山、湖、建築物、
>
> 　　　　　　　　　すばらしい、美しい、雄大
>
> 　　　　实用句型：・ぜひ～たいです。
>
> 　　　　　　　　　・～て～です。
>
> 结尾段：书信结束语。

写作 150　読書について

　　某机构以中小学生为对象，就一个月的阅读量进行了调查，下表是此次调查的结果。请根据图表所提供的信息和写作要点，以「読書について」为题，写一篇短文。

1か月の平均読書量（まんがや雑誌を除く）

小学生	6.97 冊
中学生	3.46 冊
高校生	1.63 冊

写作要点：

1. 综述图表所显示的具体信息。

2. 简单分析产生该调查结果的原因。

3. 说说你的看法。

写作要求：

1. 字数为300～350字。

2. 格式正确，书写清楚。

3. 使用「です・ます」体。

★提纲导写★

开头段：简单介绍这项调查。

　　　实用词句：調査会社、読書活動、読書量、調査を行う

　　　实用句型：・～を対象に～。

　　　　　　　　・～に関する～。

主体段：叙述调查结果所显示的信息，并分析原因。

　　　实用词句：学齢、スマホ、受験勉強、読解力、集中力、遊ぶ、減少する、言葉を学ぶ、感性を磨く、想像力を養う、役立つ

　　　实用句型：・～から～ことが明らかです。

　　　　　　　　・その理由として、～が考えられます。

　　　　　　　　・～ので、～ほうがいいと思います。

　　　　　　　　・～ことで～ます。

结尾段：总结全文，表达自己的主张。

　　实用词句：続ける、増やす、豊か、できるだけ

　　实用句型：・～と思います。

　　　　　　　・～と同時に、～。

　　　　　　　・～ましょう。

Step 3
高考日语写作范文 150 篇

Unit 1　写作入门训练

一、校园生活类题材

范文 1　小学校の思い出

　　私の小学校は光明市第三小学校です。校庭の南側に大きな桜の木が5本植えてあって、満開になると、とてもきれいです。
　　私は内向的な性格で、小学校に入ったばかりの頃はあまり人と話しませんでした。ある日、担任の李先生が私のノートをみんなに見せながら、「王さんは字がとてもきれいですね」と褒めてくれました。少し恥ずかしかったですが、とてもうれしかったです。そのことがきっかけで、自信を持つようになりました。そして、クラスメートもよく「一緒に遊ぼう」と話しかけてくれました。友だちもできて、学校生活が楽しくなりました。また、サッカーが好きで、学校のサッカーチームに入って一生懸命に練習しました。市の大会で3位になったことはとてもいい経験でした。
　　小学校で過ごした6年間は楽しい思い出がいっぱいです。

20 × 20

范文 2　遠足の思い出

　　遠足は学校の定番行事です。一番印象に残っているのは中学1年生の時の遠足です。

　　中学1年生の秋の遠足は郊外にある緑農園に行って農業体験をしました。まず、みかん狩りをしました。生産者から注意点を教えてもらってから、自分で採ってみました。わくわくしながら、はさみで丁寧に枝から切り落としました。自分で採ったみかんをその場で食べてみたら、水分が多くてとても甘かったです。次に、さつまいもを掘りました。土を掘り、ぐっと力を込めて抜くと、さつまいもがたくさん出てきて、みんな歓声をあげました。昼ご飯は、農園の食堂で採りたての野菜を使った料理を食べました。どれも新鮮で最高においしかったです。

　　いつもの遠足と違って、みんな土まみれになって帰ってきましたが、農作業の苦労と収穫の喜びを体験しました。

20 × 20

范文 3　一番好きな先生

　　私の一番好きな先生は中学校の体育の李先生です。背が高くて厳しい先生でした。

　　中学生の頃、私は体が弱くてよく学校を休んでいました。体育の成績はいつも不合格で、特に走るのが苦手でした。ある日、李先生は「明日から30分前に学校に来て、特訓をしましょう」と言いました。特訓は何だろうと思いながら、翌日早めに学校に行ったら、走るトレーニングでした。最初は800メートルも走れませんでした。先生は私の前を走りながら、走り方を教え、励ましてくださいました。大変でしたが、少しずつ走る距離を伸ばしていきました。特訓のおかげで体が丈夫になり、成績も上がりました。中学校を卒業した今も毎朝走っています。

　　李先生は苦手なことも努力で克服できることを教えてくださいました。先生には感謝の気持ちでいっぱいです。

20 × 20

186

范文4　一番好きな映画

　私が一番好きな映画は『万引き家族』です。
　最初は国際映画祭で受賞したから見ることにしましたが、実際見てとても感動しました。家族として一緒に暮らしている6人は、実際は血のつながりがなく、犯罪でつながっている人たちでした。そして、その暮らしはある事件がきっかけで破綻してしまいます。この映画は、日本が抱えている貧困や児童虐待などの社会問題を反映しています。この映画を見て家族とは何かを考えさせられました。人と人とのつながりは決して血縁だけではありません。家庭環境に恵まれていない人たちは友人や恋人などと「絆」を結ぶことができます。その血縁ではない「絆」も「家族」の形の一つで、お互いに助け合いながら生きていくことはとても大事なことだと思います。
　とても深みのあるすばらしい映画だと思います。

20 × 20

范文5　一番好きな歌

　　私の一番好きな歌は周傑倫の『稲の香り』です。
　　初めてこの歌を聞いた時、そのテンポのよさと明るいメロディーがとても印象的でした。何度も聞いて歌詞を全部覚えました。「どれだけたくさんの人が命のために勇敢に歩き続けているか……」「そんなに簡単にあきらめないで……」という歌詞は特に心に響きます。先月、中間テストの成績が予想外に悪くて、落ち込んでいました。週末、兄がカラオケに誘ってくれて、久しぶりに『稲の香り』を歌いました。「もし君が世の中に不満ばかり感じていたら、つまずいただけで前に向かって進めなくなる……」歌い終わって、なんだかすっきりしました。また、受験勉強を頑張ろうと思いました。
　　『稲の香り』はいつも勇気と力をもらえる大好きな歌です。

20 × 20

188

范文6　質問があったら

　　勉強でわからない問題や質問があったら、みなさんはどうしますか。自分で調べる人もいれば、先生に聞く人もいるでしょう。

　　私は質問があったら、まず教科書や参考書などで調べます。すでに教えてもらった知識なら、教科書などに間違いなく載っているはずだからです。そして、自分でいろいろと考えます。それでもわからない場合は、先生に聞きます。1度聞いてよくわからなかったら、何度も聞きます。わかったふりをしないで、わかるまでちゃんと聞くことが大事だと思います。私はスマホやパソコンを使ってネットで調べたりしません。ネット上には情報がたくさんありますが、全部正しいとは限らないです。また、関係のない情報まで出てきて、無駄に時間を過ごすこともあるからです。

　　質問があったら、自分で調べてから先生に聞いたほうがいいです。

20 × 20

范文7　クラスで一番面白い人

　　クラスで一番面白い人は王博さんです。
　　王さんは高校二年生の時に転校してきて、私の隣の席に座っています。最初は無口で大人しい人だと思っていました。ところが、生物の授業で昆虫の話になると、目をきらきらと輝かせながら、真剣に話を聞いていました。また、よく手を挙げて先生に質問をしました。授業の後、「虫が好きですか」と話しかけたら、子どもの頃から昆虫採集が大好きだと言ってくれました。毎年の夏休みは虫かごや虫取り網を持って、朝早くから山へ行っていたそうです。今はたくさんの昆虫を知っていて、大学に入ったら昆虫学を勉強して、昆虫の生態や行動を解明したいと言いました。とても面白い人だと思いました。
　　虫好きのちょっと変わった王さんですが、明確な目標を持って頑張っている姿を尊敬しています。

20 × 20

190

范文 8　私の日本語の勉強法

　私は高校に入ってから、日本語の勉強を始めました。短期間で上達するには、どんな勉強法が有効なのかよく考えています。

　語学を勉強する上で、単語は基本中の基本です。新しい単語を勉強する時は、正しい読み方と使い方を身につけなければなりません。また、繰り返し覚えることが大切です。定期的に復習しないと、すぐ忘れてしまうからです。そして、毎日テキストのCDを聞いて、全部覚えるまで何度も読むようにしています。テキストの文章には単語や文型がたくさん含まれています。それを暗記することで、単語や文型の正しい使い方を身につけられます。また、私はよくニュースを聞いたり、ドラマを見たりします。楽しいし、生の日本語を聞いて聴解力を伸ばすこともできます。

　そして、一番大事なのは毎日コツコツ頑張り続けることです。

20 × 20

二、日常生活类题材

范文9　私の母

　　私の母は主婦です。背が低くて少し太っていますが、いつも笑顔で明るい人です。
　　母は誰とでもすぐに仲良くなれるから、友だちが多いです。近所の人に会ったら、よく道端で楽しい立ち話を始めます。そして、母は家事が上手です。毎日部屋をきれいにして、おいしい料理を作ってくれます。夜、家族揃って食事をする時に、母はよく面白いことを言って私たちを笑わせます。そんな性格が朗らかな母は私の親友でもあります。何か心配事や悩み事があったら、いつも母に相談して、アドバイスをもらいます。試験の成績が悪くて落ち込んでいる時は、「また今度頑張ればいいよ」と励ましてくれます。一度も母に叱られたことがありません。
　　生活面や精神面でいつも支えてくれる母に感謝しています。私も母のような明くて温かい人になりたいです。

20 × 20

范文10　私の父

　　私の父は今年50歳です。背が高くて、顔が日焼けして黒いです。性格は穏やかですが、少し頑固な所があります。

　　父は昔は大工でしたが、今は小さな工務店を経営しています。主な仕事は家を建てたり、内装工事を行ったりすることです。父は仕事熱心で、腕もよくて、町で有名ですから、仕事の依頼が多いです。特に、年末になると、朝早くから仕事に出かけ、夜遅く帰ってくる日が多いです。そんな忙しい父ですが、暇があったら、私に大工の仕事を教えてくれます。この間は、父の指導で写真立てを作りました。今度、時間があったら、一緒に靴箱を作ってみたいです。

　　父は私たちと一緒に食事をすることが少ないですが、家族のために一生懸命に仕事を頑張っています。仕事熱心でまじめな父を尊敬しています。

20 × 20

范文 11　私の祖母

　　私の祖母は今年75歳です。少し腰が曲がっていますが、白髪が少なくて、実際の年齢より若く見えます。

　　祖母はとても優しい人です。小さい頃、両親が仕事で忙しい時は、近くに住んでいる祖母が私の送り迎えをして、晩ご飯を作ってくれました。祖母の作った麻婆豆腐はとてもおいしかったです。いつも汗をかきながら、お代りをしていっぱい食べました。そして、両親の帰りが遅い時は、寝る前に祖母が子守歌を歌ってくれたり、昔話を聞かせてくれたりしました。それを聞きながら、私は安心して眠りにつきました。今、週末になると、たまに祖母の家に遊びに行きます。年を取って味覚が鈍くなったせいか、祖母の麻婆豆腐は少し塩辛くなりました。でも、それは私にとって世界で一番おいしい料理です。

　　大好きな祖母に長生きしてほしいです。

20 × 20

194

范文12　私の姉

　　私には3歳上の姉がいます。背が高くて、丸顔でショートヘアが似合う女子大生です。

　　姉は粘り強い性格で、やると決めたら最後までやり遂げるタイプです。高校に入ってから、弁護士になると決めて、法学部が有名な大学を目指して頑張っていました。毎日夜12時まで勉強していました。大学入試に専念するために、携帯電話も解約しました。3年間努力したかいがあって、姉は第一志望の大学に受かりました。大学から合格の知らせが届いた時、姉は喜びのあまり涙を流しました。今、大学3年生の姉は司法試験の準備をしています。たまに家に帰ってきた時は、私の宿題を手伝ってくれたり、進学についてアドバイスをしてくれたりします。

　　明確な目標を立てて、それに向かって全力を尽くす姉を見習って、私も受験勉強を頑張ります。

20 × 20

范文 13　家族旅行の思い出(1)

　　北京は我が国の首都で、子どもの頃からずっと憧れていました。今年の国慶節に、やっと家族で北京へ旅行に行ってきました。

　　初日、北京に着いたのが夜7時だったので、ホテルでチェックインした後、150年以上の歴史のある老舗へ北京ダックを食べに行きました。おいしくて大満足でした。二日目は朝早く起きて、天安門広場へ国旗掲揚式を見に行きました。日の出を迎え国旗が揚がっているのを見て感動しました。それから、故宮を見物しました。雄大な宮殿を眺めながら、昔皇帝の日常生活を想像してみました。三日目は万里の長城に登って、その雄大さを満喫しました。最終日は「胡同」をぶらぶら歩いたり、お土産を買いに行ったりしました。

　　頤和園や天壇などは時間がなくて行けませんでした。今度チャンスがあったら、また行きたいと思います。

20 × 20

范文 14　家族旅行の思い出 (2)

　　今年の夏休みに、2泊3日の家族旅行で上海へ行きました。

　　一日目は外灘に行きました。外灘は歴史的な西洋建築群がとても有名です。昼間は外灘を見物して、夜は黄浦江のフェリーに乗って夜景を楽しみました。二日目は上海のシンボルである東方明珠塔に登りました。一番上の展望台から上海の街並みを眺めました。その後、1階にある上海城市歴史発展陳列館を見学しました。人形を使って上海の歴史を再現していて、とても見応えがありました。最後の日は豫園に行きました。江南庭園を代表する名園です。ゆっくり散策できて、気持ちよかったです。豫園に隣接している城隍廟にはお土産店や屋台がずらりと並んでいました。小籠包を食べて、お土産を買いました。

　　短い時間でしたが、楽しくて充実した家族旅行でした。

20 × 20

范文 15　夏休みの過ごし方

　　夏休みは一年のうちで最も長い休暇ですから、家族と旅行に行く人もいれば、スポーツなどの習い事に通う人も多いです。
　　私の今年の夏休みはいつもとほとんど同じでした。家で宿題をしたり、本を読んだり、テレビを見たりしました。また、週に3回、家の近くのプールへ泳ぎに行きました。暑い日に思い切り泳ぐのは最高の気分です。そして、友だちと一緒に町のキャンプ活動に参加しました。山奥の新鮮な空気と美しい緑に癒されました。キャンプではバーベキューをしました。みんなで協力して肉や野菜を焼きました。焼きとうもろこしが一番おいしかったです。夜は満天の星を眺めながら、友だちと遅くまでおしゃべりをしました。とても楽しかったです。
　　夏休みは有意義に過ごして、楽しい思い出をたくさん作りましょう。

20 × 20

范文 16　好きなスポーツ(1)

私は6歳の頃からサッカーを習い始めました。最初は単調な練習がつまらなかったですが、だんだん上手になって好きになりました。

サッカーを練習して、体が丈夫になりました。準備運動で運動場を何周も走らなければならないし、練習中も運動量が多いですから、体力が格段に上がって、風邪もあまり引かなくなりました。そして、サッカーをして友だちが増えました。休みの日に、近くの公園でサッカーをしていると、よく知らない子に声をかけられて、一緒に遊ぶようになって、新しい友だちができます。また、サッカーはチームプレーなので、チームの一員として自分の行動に責任を感じるようになり、チームワークの大切さも学びました。

このように、サッカーを通じて得たものはとても多いです。これからも続けようと思います。

20 × 20

范文 17　私の趣味（1）

　　私の趣味は読書です。そのきっかけは『星の王子様』という本との出会いです。シンプルなストーリーですが、人に対する思いやりの大切さを学びました。

　　読書にはメリットが多いです。例えば、本を読むことで、様々な知識や情報を吸収できます。自然に話題が豊富になって、人とのコミュニケーションが円滑になります。そして、小説を読みながら自分の頭の中で情景を思い浮かべたりして、想像力を養うことができます。また、本を通じて、自分とは違う時代を生きた偉人たちの考え方や言葉に触れて、自分の人生の参考にすることもできます。私たち学生は、いい本をたくさん読むことで、語彙力と表現力を鍛え、作文を書く力が身につくと思います。

　　読書は知識を学べるだけでなく、人生も豊かにしてくれます。

20 × 20

范文 18　私の趣味（2）

　　私の趣味は写真を撮ることです。父は写真を撮ることが好きで、よく私を連れて写真を撮りに行きました。それで自分もだんだん撮影の魅力がわかってきました。

　　中学生になって、誕生日プレゼントに両親からカメラを買ってもらいました。私は特に風景の写真を撮るのが好きです。山の頂上で見た日の出や雨が上がった後の虹、一面に広がる黄色い菜の花の畑や燃えるような紅葉などの写真を撮って、自然の美しさや季節の移り変わりを楽しみます。また、家族の誕生日や学校のイベントなどの場面を撮って、大切な思い出を記録します。たまに自分が撮った写真をネットにアップして友だちと共有することで喜びも倍増します。

　　写真は日常生活の記録であり、一種の自己表現でもあります。これからも写真をたくさん撮りたいです。

20 × 20

范文 19　私の夢(1)

　　将来、私は教師になりたいです。この夢を
持つようになったきっかけは高校の物理の先
生との出会いでした。
　　私は物理が苦手で成績も悪くて、大学に入
れるかどうか危ない状況でした。高校2年生
の時、李先生が物理の授業を担当することに
なりました。李先生はいつも実験を通して難
しい概念をわかりやすく解説してくれます。
また、教科書の知識を日常生活と関連づけて
教えてくれます。李先生のおかげで、物理の
面白さがわかってきて、成績も伸びました。
それがきっかけで、自分も将来李先生のよう
な素敵な先生になろうと決めました。
　　教師になるには、知識を教える能力だけで
なく、生徒の興味を引き、思考力を育成する
力も必要です。夢を実現する第一歩として、
まず一生懸命勉強して、いい師範大学に入ら
なければなりません。

20 × 20

范文 20　初めて自分で料理を作った体験

　　中学1年のある日、祖母が足を怪我して入院することになって、両親は病院に行きました。その日の晩ご飯は自分で作らなければなりませんでした。

　　冷蔵庫にピーマンや豚肉があったから、炒め物を作ることにしました。炒める前に、にんにく、ピーマンと肉を切っておきました。まず、鍋ににんにくを入れて少し炒めてから、肉を入れました。火が強すぎて、油があちこち跳ねて慌てました。それから、ピーマンを入れて肉と混ぜました。最後に醤油と塩で味付けをしました。食べてみたら、母が作ったものと味がずいぶん違いました。炒める時間が長すぎたせいか、ピーマンが黄色くなって、肉も硬かったです。醤油も入れすぎて、黒っぽく見えました。でも、全部食べました。

　　初めて自分で料理を作って、その大変さがわかりました。

20 × 20

范文 21　今一番ほしいもの

　今、私が一番ほしいものは電子辞書です。

　去年から日本語の勉強を始めました。わからない単語があったら、いつも紙の辞書で調べます。紙の辞書は厚くて重いですから、毎日学校へ持っていくのが大変です。そして、今使っている辞書は単語の読み方や意味は調べられますが、例文が少ないです。文型を調べることもできません。クラスメートの中に電子辞書を持っている人がいます。先日、一度借りて使ってみたら、とても便利でした。中にはいろいろな辞書が入っていて、早く調べられるし、例文も多かったです。何より、文型辞典が入っていて、とても助かりました。

　私も電子辞書がほしいですが、高くて自分のお小遣いでは買えません。母に相談したら、期末テストでクラスの10位以内に入ったら、買ってくれると約束しました。そのために、今勉強を頑張っています。

20 × 20

范文 22　好きな食べ物

　　私が好きな食べ物は水ギョーザです。

　　子どもの頃、いつも祖父母と一緒に春節を過ごしていました。水ギョーザは富と幸運をもたらす伝統的な食べ物として、春節に欠かせないものです。大晦日の夜は祖母が作った水ギョーザを食べることになっていました。私が一番好きなのは白菜と豚肉の水ギョーザです。水ギョーザの皮に使う小麦粉は祖父母が栽培した小麦で作られたもので、餡の白菜も祖父母が育てたものでした。祖母が作った水ギョーザは皮が薄く、もちもちとした食感で、中はジューシーでとてもおいしかったです。いつもたくさん食べました。家族みんなで水ギョーザを食べるのはとても幸せでした。

　　数年前、祖父母は亡くなりました。今はよくスーパーで冷凍ギョーザを買って食べます。毎年大晦日になると、祖母の手作りギョーザがとても恋しいです。

20 × 20

范文 23　一番好きな花

　　私の一番好きな花はガーベラです。初めて
ガーベラを知ったのは2年前です。
　　私はサッカーが好きで、高校に入ってから
も部活に参加しています。ある日、練習中に
転倒して、病院に運ばれました。右足の精密
検査が必要で入院することになりました。私
は不安でいっぱいでした。翌日、友だちの李
さんが花束を持ってきました。「これは何の
花?」と聞いたら、「ガーベラだよ、早く元気
をなってね」と言いました。太い茎の先に黄
色とオレンジ色の花を咲かせ、元気で明るい
雰囲気のガーベラでした。調べてみると、花
言葉は「希望・常に前進」だとわかりました。
病室でガーベラを眺めて、勇気をもらいまし
た。一週間後、無事に退院できました。それ
以来、ガーベラが大好きになりました。
　　今度、誰かを応援したい時に、私もガーベ
ラを贈ろうと思います。

20 × 20

范文 24　一番好きな場所

　　私の一番好きな場所は学校の図書館です。小さな図書館ですが、心が落ち着く場所です。
　　高校に入って勉強が難しくなって、ついていくのが大変でした。周りを見て、自分だけ勉強ができないと落ち込んでいました。そんなある日、「昼休みに図書館に行かない?」と友だちに誘われ、初めて図書館に行きました。大きな図書館ではありませんが、天井が高くて、本棚に本がぎっしり並んでいて、本のにおいが漂っていました。静かで明るい閲覧室に座っていると、不思議なことに心が落ち着き、不安な気持ちが消えました。もっと勉強を頑張ろうと思いました。それから、昼休みに私はよく図書館に行くようになりました。短い時間ですが、雑誌を読んだりすると、いい気分転換になります。
　　私にとって図書館は癒しの空間であり、大好きな場所です。

20 × 20

范文 25　思い出の場所

　　小学生の頃、私は町の郊外に住んでいました。家の近くに小さな川があって、よく近所の子どもたちと一緒にその川で遊びました。

　　春になると、川辺の芝生には色とりどりの蝶が飛び交っていて、それを追いかけるのが楽しかったです。珍しい蝶を捕らえて、標本を作ったこともあります。夏休みは、ほぼ毎日川で水遊びをしたり、泳いだりしました。夜になると、川辺に美しく光るホタルを見るのが楽しみでした。私が一番好きな遊びは水切りでした。水面に向かって、小石を投げて跳ねさせる遊びです。夢中になって、友だちと石が跳ねる回数を競っていました。

　　中学1年生の時、家の周辺で大開発が行われて、川は埋められ高速道路になりました。うちも市内のマンションに引っ越しました。でも、思い出がいっぱいつまった川辺は一生忘れられません。

20 × 20

范文 26　私の国

　私の国は中国です。東アジアに位置し、14億人の人口がいます。国土が広く、長い歴史を持っています。

　去年、両親と新疆へ旅行に行きました。飛行機で5時間もかかってびっくりしました。さすが世界で3番目に大きい国だなあと思いました。新疆では草原や雪山などそれまで見たことのない壮大な景色が見られて、とても感動しました。中国は5000年の歴史を持っていて、各地に貴重な文化財が数え切れないほど存在しています。地方の風習や文化が体験できる観光地も多いです。近年、経済の発展だけでなく、科学技術も急速に成長しています。高速鉄道や電気自動車、人工知能、宇宙開発などの分野において、大きな成果を上げています。とても誇りに思います。

　将来、留学に行ったら、中国の良さを多くの人に伝えたいです。

20 × 20

三、社会热点类题材

范文 27　オンライン授業

　　去年、新型コロナウイルスの感染拡大を防ぐために、私の学校では、3か月間オンライン授業を行いました。初めてのことでとても新鮮でした。

　　オンライン授業はメリットが多いです。まず、時間を効率的に使えることです。通学時間がかからないので、その時間を勉強に使えます。また、どこにいても同じ授業を受けられるので、貧困地域の子どもたちも高品質の教育を受けられます。その一方で、オンライン授業は集中力の維持が難しく、わからないことがあっても、すぐに先生に質問できないため、学習効果に影響が出るのではないかと不安に思う人も少なくありません。

　　対面授業とオンライン授業はそれぞれメリットとデメリットがあります。場合によって両方を有効に活用するように工夫したほうがいいと思います。

20×20

210

范文 28　大気汚染について

　　近年、経済が発展して私たちの生活はとても豊かになりましたが、大気汚染問題も深刻になってきました。

　　大気汚染の主な原因として、工場の生産活動で排出される煙などが挙げられます。また、自動車の排気ガスも原因の一つです。工場が集中している地域や自動車が多い都会では大気汚染が発生しやすいです。大気汚染は人の健康に悪い影響を及ぼします。例えば、のどや肺などの呼吸器官を刺激して、鼻炎や喘息などの病気を起こします。今、世界各国は大気汚染を防ぐために、大気汚染物質の排出を減らしたり、新しいエネルギーを開発したりして様々な対策を打ち出しています。

　　大気汚染を防止するために、私たちにできることも多いです。家で無駄な電力を使わないことやできるだけ公共交通機関を利用することなどです。

范文 29　水を大切にしよう

　　水は人間だけでなく、地球上のすべての生物にとって、欠かせない大切なものです。

　　私たちは蛇口をひねれば簡単に水が出てくる都市に住んでいますが、世界中にはまだ水不足が深刻な国や地域がたくさんあります。きれいで安全な水が飲めない人が何億人もいます。また、水不足で農作物や家畜を育てることができず、食糧不足を引き起こす場合もあります。

　　水はこんなに大切な資源ですから、日々の生活の中で節水の工夫をしなければなりません。私は歯磨きの時に水を流しっぱなしにしません。シャワーの時間をなるべく短くします。服をまとめて洗って、洗濯機を回す回数を減らします。野菜や食器は水をためて洗います。このように、私たちにできることはたくさんあります。普段の生活でもっと節水を心掛けましょう。

20 × 20

212

范文30　自然を守ろう

私たちの生活に必要な衣食住のすべては自然が与えてくれる恩恵です。水、土、大気、生物などから構成されている生態系がなければ、人間は生きていけないので、自然を守らなければなりません。

まずは普段使っているものがどのようにして作り出されるか、自然にどのような影響を与えるか常に考えることが大切です。こういう意識を持って、身近なことから行動しましょう。例えば、古い家電製品を省エネ型の製品に買い替えます。食事をする時、食べ残しをしません。買い物の時は本当に必要なものなのか考えてみます。レジ袋などのプラスチック製品を使いません。自転車や公共交通機関を利用して移動します。このような小さなことが自然を守ることにつながります。

自然と共存できる社会の実現には、一人ひとりの努力が大切です。

20 × 20

范文 31　家庭内の食品安全について

　　最近、家庭内の食中毒や食品安全に関する
ニュースをよく耳にします。
　　生活が豊かになって、健康のために無添加
を追求する人が増えています。その中には自
分で発酵食品を作ったりする人もいます。発
酵食品には体にいい栄養成分だけでなく、微
生物も多く含まれています。自分で作る場合、
ちょっとした間違いや不注意で食中毒になる
ことがあります。食品安全を守るには、まず
自分の安全意識を高めなければなりません。
そして、普段の生活では新鮮な食材を選ぶこ
と、包丁やまな板は肉用、野菜用と使い分け
ること、肉料理は十分加熱することなど注意
すべき点が多いです。また、冷蔵庫を定期的
にチェックして、賞味期限が切れたものを処
分することも重要です。
　　家庭内の食品安全に気をつけ、健康な生活
を送りましょう。

20 × 20

范文 32　広場ダンスについて

　　近年、中高年の女性が夜広場に集まって踊る広場ダンスが社会現象となっています。

　　広場ダンスは動きが簡単で覚えやすく、誰でも参加できます。私の祖母も毎日晩ご飯の後、踊りに行きます。体を動かして汗をかくと、夜よく眠れると言っています。また、一緒に踊ることで、友だちも増えたそうです。ですから、広場ダンスは心身にいい影響を与えていると思います。しかし、「騒音がうるさい」「公共スペースを占領している」などの理由で、近隣住民とのトラブルがよく起こります。最近、騒音防止法案が実施され、公共の場で音響機器を使って大音量で音楽を流すことが禁止になっています。祖母は「みんなで踊るのは楽しいけど、騒音には気をつけないとね」と言いました。

　　ルールを守りながら、広場ダンスを楽しむのはいいと思います。

20 × 20

范文 33　ウィーチャットと私たちの生活

　　近年、スマホが普及して、今はほとんどの人が毎日ウィーチャットを使っています。

　　ウィーチャットは機能が多くて便利なアプリです。例えば、私たちは毎日ウィーチャットを使って、家族や友だちと連絡を取っています。そして、モーメンツに写真やメッセージなどを投稿します。友だちや知り合いの投稿を見て、コメントや「いいね」もできます。いいコミュニケーションの場になっていると思います。また、「ウィーチャットペイ」という決済機能があって、買い物などの時にスマホで支払いができて便利です。その一方で、ウィーチャットで友だちといつまでも会話をしたり、モーメンツを見るのに夢中になったりする人もいます。

　　便利なウィーチャットですが、長時間の使用は時間の無駄になりますから、合理的な使用を心掛けましょう。

20 × 20

范文 34　個人旅行とツアー旅行

　　生活が豊かになるにつれて、旅行に行く人が増えました。個人旅行で行く人もいれば、ツアー旅行を選ぶ人もいます。

　　個人旅行は自分が行きたい場所に好きなだけ滞在できて、交通手段や旅行のルートも自分で選べます。自由気ままな旅行ができるところが一番の魅力です。しかし、旅行計画から交通機関のチケットや宿泊先の予約まですべて自分でしなければなりません。そして、海外旅行の場合は、語学力も必要になります。それに対して、ツアー旅行は旅行会社がすべてを手配してくれて、自分は何もしなくていいです。また、値段も安く、短時間に多くの観光地を回って効率がいいです。デメリットは団体行動なので、スケジュールや時間をちゃんと守らなければなりません。

　　私は、国内旅行は個人旅行に、海外旅行はツアー旅行にします。

20 × 20

四、应用文与图表类作文

范文 35　田中さんへのメール

田中さん

こんにちは。李です。

風邪を引いたと聞きましたが、具合はいかがですか。早くよくなるといいですね。

今日、授業の最後に鈴木先生から試験のお知らせがありました。

試験の時間は来週月曜日の朝9時から11時までで、会場は第2教室です。文房具と腕時計は試験会場に持ち込むことができますが、辞書と教科書は持ち込めません。そして、試験開始15分前までに会場に入らなければなりません。聴解試験の9時から9時20分の間は、会場を出てはいけません。

当日試験に参加できない場合は、今週の金曜日までに鈴木先生に電話かメールで連絡してください。

どうぞよろしくお願いします。

李　明

20×20

范文 36　山本さんへのメール

山本さん

こんにちは。王です。

来週の忘年会の件ですが、以下のことが決まったので、ご連絡します。

時間は12月29日夜6時から8時半までです。

場所は学校近くのレストラン「ロイヤル・カフェ」で、個室の予約を入れておきました。

参加人数は15人で、留学生課の陳先生もご出席になります。それから、一人ずつ短いスピーチをすることになったので、準備をしてください。内容はこの一年で一番印象に残っていることや来年の目標などです。会費はみんなで負担することになりましたが、私が先に支払って後で精算します。

当日出席できなくなった場合は、私に電話で連絡してください。

どうぞよろしくお願いします。

王　小華

20 × 20

范文 37　山田さんへのメール

山田さん

こんにちは。李です。

遠足のことですが、天気予報によると、土曜日は雨で、日曜日は朝から晴れるそうです。それで、遠足は土曜日から日曜日に変更になりました。集合時間は朝8時で、学校の前に集まります。遠足の目的地はツツジ山です。ツツジがきれいなことで有名で、今ちょうど満開の時期です。撮影が好きでしたら、カメラを持参するのをおすすめします。それから、当日は動きやすい服と運動靴で行ってください。お水は学校側が用意しますので、持っていく必要がありません。お昼は自分でお弁当を持っていってもいいし、公園のコンビニで買ってもいいです。当日行けなくなった場合は、私にメールで連絡してください。

どうぞよろしくお願いします。

李　明

20 × 20

范文 38　小学生のお小遣いについて

　　ある調査会社が日本の小学生の1か月のお小遣いの金額について調査を行いました。

　　この表から小学生の1か月のお小遣いの平均値は1,000円前後ということがわかりました。最も回答数が多い最頻値は全学年共通で500円です。中央値は低学年と中学年が500円で、高学年が1,000円です。つまり、小学生の1か月のお小遣い額は低学年と中学年は500円で、高学年は500円から1,000円の間と言えます。親が子どもにお小遣いを渡すことはメリットが多いと思います。まず、自分でお菓子や文房具などを買って買い物の体験をすることで、お金の価値がわかるようになると思います。また、欲しいものを買うために、貯金をして計画的にお金を使えるようになります。

　　もちろん、無駄遣いをしないために、使ったお金を記録することや予算内でお小遣いを使うことも大事です。

20 × 20

Unit 2 写作提高训练

一、校园生活类题材

范文 39 習い事について

　　今、小さい頃から習い事に通う子どもが増えています。習い事は自分の人生を豊かにすることができると思います。

　　私は子どもの頃、体が弱かったから、強くなろうとサッカー教室に通いました。サッカーをして体が丈夫になって、あまり風邪を引かなくなりました。また、精神力を鍛えられ、チームワークの大切さも学びました。10歳からはピアノを習い始めました。毎日練習するのは大変でしたが、好きな曲を上手に弾けるようになると、達成感を味わいました。習い事を通して、いろいろな経験ができてよかったと思います。そして、趣味を持つことで、人生がもっと楽しくなると思います。

　　習い事はお金がかかるし、勉強の時間や遊ぶ時間が減ります。ですから、無理をせずに自分の状況に合わせて習い事を選んだほうがいいと思います。

范文 40　運動会の思い出

　　私の高校は毎年10月に運動会を行います。
　　高校1年の時の運動会は特別でした。高校に入ったばかりで、お互いをよく知らなくて、みんな参加するのを遠慮していました。私は勇気を出して手を挙げて、1,000メートル走を選びました。高校の初めての運動会だから、成績が悪かったら情けないと思って、毎日学校が終わってから走りの練習をしました。運動会当日は必死に走りました。担任の先生もクラスメートも「頑張れ！」と応援してくれました。残念ながら4位でした。3位以内に入れなくてがっかりしましたが、クラスメートは「本当に速かった！よく頑張った！」と励ましてくれました。うれしかったです。
　　あの運動会がきっかけでクラスの一体感が高まりました。また、何事も結果より挑戦する気持ちが大事だと思うようになりました。

20 × 20

范文41　一番好きな授業

　　私が一番好きな授業は歴史の授業です。
　　歴史の授業を担当しているのは張先生です。
歴史の勉強は年代や人物の名前、出来事など、
覚えることが多くて、難しくてつまらないと
思う人が多いです。張先生は時代別に歴史上
の人物の相関図を作って、その時代の登場人
物と出来事を物語にして教えてくれます。そ
うすると、歴史上の人物がとても身近に感じ
られて、覚えやすくなるし、楽しくなります。
また、よく歴史を今の時代と対比しながら、
解説してくれるので、とても面白いです。授
業中、先生はよくある人物や出来事について、
私たちに議論をさせます。みんな積極的に発
言します。様々な意見が出て、新しい視点を
得ることができて、理解も深まります。
　　歴史の授業は知識を学ぶだけでなく、新し
い発見も多いです。歴史の授業は毎日の一番
の楽しみです。

20 × 20

224

范文42　ゲームについて

　　ここ数年、ネットゲームをする人が増えてきました。新聞記事によると、ゲーム依存症で不登校や退学になる学生もいるそうです。私は青少年がゲームを遊ぶことに反対です。

　　その理由として、まず勉強に影響が出るからです。一度ゲームをやり始めると、つい時間を忘れ、深夜までやる人もいます。そうすると、勉強の時間が確保できなくなったり、授業で居眠りをしたりします。また、ゲームのやりすぎで視力が低下する子どもが急増しています。そして、家でずっとゲームばかりして、あまり外出しないと、運動不足や体力の低下にもつながります。

　　確かに、ゲームはストレス発散に効果があります。しかし、スポーツや映画、読書などストレス解消の方法はいくらでもありますから、青少年はやはりゲームをやらないほうがいいと思います。

20 × 20

范文 43　これから頑張りたいこと

　　私は今高校2年生です。クラスの真ん中く
らいの成績です。大学入学試験まで後1年し
かないから、これからもっと日本語の勉強を
頑張りたいと思っています。

　　外国語学習の基礎は単語だと言われていま
すが、私は単語をなかなか覚えられないです。
これからは覚える方法を変えてみたいです。
1日に覚える単語の量を50個から25個に減ら
して、復習する頻度を増やします。また、私
は日本語の発音がよくないです。先週、単語
の覚え方について田中先生に相談したら、ま
ず正しい発音を覚えないといけないと教えて
くださいました。これからはテキストの音声
を聴きながら、読む練習を始めたいです。読
む練習も単語を覚えるのに役立つと思います。

　　日本語の成績を上げるために、先生や成績
のいい仲間にアドバイスをもらって、自分の
勉強法を改善していきたいです。

20 × 20

226

范文 44　大学受験が終わったら

　私は今高校三年生で、毎日勉強を頑張っています。6月の大学受験が終わったら、やりたいことがいっぱいあります。

　まず、家族と一緒に海南島に旅行に行きたいです。海が大好きで、ずっと行ってみたいと思っています。一番行きたいところは天涯海角です。それから、友だちとバスケットボールをしたり、カラオケに行ったりしていっぱい遊びたいです。大学に入ったら、みんな離れ離れになるから、高校最後の夏休みを一緒に過ごして、いい思い出をたくさん作りたいです。そして、今まで親任せだった洗濯や部屋の掃除などをして、家事を手伝いたいです。また、9月から始まる大学入学に備えて、いろいろ準備をします。寮生活を始めるから、必要な日用品などを購入しておきます。

　笑顔で大学受験を終えられるように、今は一生懸命に頑張ります。

20 × 20

范文 45　寄宿と通学

　　私の高校には学生寮があって、寄宿か通学かを自由に選ぶことができます。

　　寄宿はずっと学校で生活しているので、通学時間が節約できて、勉強する時間が多くなります。そして、夜も教室で自習するので、わからないことがあったら、すぐ先生やクラスメートに教えてもらえます。しかし、寮で生活すると、起床時間や食事の時間、お風呂の時間などが厳しく決められています。そして、家族といる時間が少なくて寂しいです。一方、通学は毎日学校に通うので、時間はかかりますが、生活面で両親にサポートしてもらえて楽だと思います。勉強の時間も寝る時間も自分で決められます。何か悩みがあったら、すぐに家族に相談できます。

　　私は母の手料理が食べたいし、自分の部屋で寝たいし、自分のペースで勉強したいので、毎日通学しています。

20 × 20

228

范文 46　高校生活を振り返って

　　高校卒業まで残りわずかとなりました。この3年間、いろいろな思い出があります。

　　高校に入ったばかりの頃は、あまり成績がよくなくて、夜遅くまで問題集を解いていました。それでも、成績が上がらなくて悩んでいました。そんな時、担任の王先生が「問題集を解くより大事なのは、まず教科書の内容をしっかり消化することです」と教えてくれました。それから勉強法を改善して、成績も少しずつ上がってきました。放課後、サッカーの練習をやるのもとても楽しかったです。サッカーを通じて、チームワークの大切さを学んだだけでなく、すばらしい仲間に出会いました。去年、市のサッカー大会で2位を取ったのは、一生忘れられない思い出です。

　　3年間の高校生活を振り返ってみると、先生や友だちに支えられて充実した日々を過ごしてきたと思います。

20 × 20

二、日常生活类题材

范文 47　私の友だち

　　最近、新しい友だちができました。王俊さんです。私より2歳上です。眼鏡をかけていて、無口な人です。

　　王さんとは習字教室で知り合いました。最初は教室に知り合いがいなくて、自分から誰かに話しかけることもできませんでした。王さんは字がきれいでよく先生に褒められたから、彼の存在に気づきました。それで、話しかけてみたら、同じ高校だとわかってだんだん仲良くなりました。

　　王さんは静かに見えますが、実はスポーツが上手です。特に、テニスが上手です。先日、一緒にテニスに行きました。私は初心者ですから、相手にならないと感じました。しかし、王さんはラケットの振り方を教えてくれたり、励ましの言葉をかけてくれたりしました。

　　王さんは優秀で優しい人です。私は王さんを見習いたいと思います。

20 × 20

范文 48　ペットを飼うことについて

　　今、ペットを飼う人が増えています。犬や猫などのペットと触れ合うことは、人間の心身の健康にいい影響を与えるそうです。

　　私の家では犬を1匹飼っています。ハコという名前です。小型で全身が白くて、目が大きくて、ぬいぐるみのように可愛いです。毎日学校から帰ると、ハコは尻尾を振りながら、玄関まで走って迎えに来ます。私はよく自分の悩みをハコに話します。ハコは親友のように静かに聞いてくれます。柔らかくて暖かいハコを撫でながら話をすると、だんだん落ち着いてきて穏やかな気持ちになります。また、晩ご飯の後、ハコを散歩に連れていくのは、いい運動です。そして、毎日ハコの世話をすることで、責任感が強くなりました。

　　ペットを飼うにはお金も時間もかかりますが、ペットとの暮らしは私たちの日常に彩りと幸せを与えてくれます。

20 × 20

范文 49　家族旅行の思い出（3）

　　4月の三連休に、家族で杭州へ日帰り旅行に行ってきました。

　　上海から高速鉄道に乗って1時間くらいで杭州に着きました。まず、一番有名な観光スポットの西湖に行きました。西湖の岸に沿って散策しながら、湖面に映る柳や咲き乱れる蓮の花、色鮮やかな鯉などを楽しみました。それから、近くの茶室で一休みしました。ゆっくりお茶を飲みながら、湖を眺めるのも気持ちよかったです。その後、遊覧船に乗って三潭印月へ行きました。本当に自分の目で「湖中に島、島中に湖」の独特の景観を見ることができて、大満足でした。午後はバスに乗って龍井村へ行きました。緩やかな斜面に広がる広大な茶畑に感動しました。帰りに新茶をたくさん買いました。

　　杭州は季節によって景色が違うから、違う季節にまた行きたいです。

范文 50　家族旅行の思い出(4)

　　今年の夏休みに、私は両親と一緒に西安へ旅行に行きました。西安は「千年の古都」と呼ばれていて、観光名所も多いです。

　　私たちはまず秦始皇兵馬俑博物館へ行きました。世界遺産に登録されていて、有名な観光スポットです。これまで写真や映像では何度も見ましたが、等身大の兵士や馬、馬車などの実物を見て、その規模の大きさと迫力に圧倒されました。また、兵士たちはみんな違う顔をしていて、その精巧さに驚きました。それから、近くにある華清池に行って、楊貴妃が入浴したという温泉地を見ました。夜は回民街という商店街へ行きました。西安のグルメを食べたり、街を歩いたりして西北地域の独特な雰囲気を味わいました。

　　西安の旅で我が国の5,000年の歴史を実感でき、その雄大さに感動しました。今度、また行きたいです。

20 × 20

范文 51　私の趣味（3）

　　私の趣味は山登りです。私が住んでいる町は山が多いです。そして、山にきれいな湧き水があります。小さい頃、よく祖父に連れられ、湧き水を汲みに行ったものです。だんだん山登りが好きになって趣味になりました。

　　山に登るのは大変疲れますが、汗をたくさん流し、山の頂上にたどり着き、そこでしか見られない景色を見る時は大きな達成感を得られます。また、自然の中を歩くことで、一時的に日常を忘れ、リラックスできます。私は山を登りながら、いろいろなことについて考えるのが好きです。静かで景色のいい場所で落ち着いて考えると、心の迷いが晴れることが多いです。そして、山登りは勝ち負けではなく、自分のペースで登ればいいというところが私にとっての一番の魅力です。

　　今は勉強が忙しいですが、時間がある時はよく山登りに行きます。

20 × 20

范文 52　私の趣味(4)

　私の趣味は絵を描くことです。今は勉強の息抜きとしてよく絵を描きます。
　小学校2年生の時、父の仕事の関係で転校しました。新しい学校で友だちもいなくて、授業の間の休憩時間は外へ出ないで、一人で教室で絵を描いていました。ある日、担任の王先生が私の絵を見て、「上手ですね」と褒めてくれて、学校の美術部に推薦してくれました。とてもうれしかったです。美術部に入って、友だちが出来ました。よく一緒に公園へ絵を描きに行きました。絵を描くことがだんだん趣味になりました。絵を描く時は、集中するから、心が落ち着きます。今は勉強に追われる日々ですが、絵を描くことはいい気分転換になります。
　真っ白な紙に自分の頭の中の世界を描くのが好きです。これからも絵を描いていこうと思います。

20 × 20

范文 53　好きなスポーツ(2)

　　私の好きなスポーツはジョギングです。高校に入って勉強が忙しくなって、ストレスがたまって、夜あまりよく眠れませんでした。そんな時、「一緒に走ってみない?」と大学生の兄が誘ってくれました。それで、兄と一緒にジョギングを始めました。

　　最初は1キロくらいしか走れませんでしたが、少しずつ走る時間と距離を伸ばしました。今は毎日3キロ走れるようになりました。ジョギングのおかげで、夜ぐっすり眠れるようになりました。そして、体力がつき、疲れにくくなりました。学校の授業では集中力が高くなって、勉強の効率も上がってきました。また、走りながら町の四季折々の景色を楽しめます。

　　ジョギングは運動靴があれば気軽にできる運動です。ジョギングは私の生活に欠かせない一部になりました。

20 × 20

236

范文54　春節の過ごし方

　　春節は私たち中国人にとって一年で最も重要な行事です。春節が過ぎると、本当に新しい一年を迎えたことを実感します。

　　我が家では春節の3日前から大掃除をしたり、玄関に赤い春聯を貼ったりします。そして、母はごちそうをたくさん準備します。大晦日には家族揃っておいしい料理を食べながら、「春節晩会」というテレビ番組を見ます。また、春節の日にプレゼントを持って祖父母の家を訪ねるのも定番です。私にとって一番の楽しみはお年玉をもらうことです。近年、春節の連休を利用して旅行に出かける人も増えてきました。我が家も今年の春節の翌日に昆明へ家族旅行に行く予定です。冬でも暖かくて、花の産地として有名な所です。

　　春節の過ごし方は各家庭それぞれですが、家族と一緒に新年を迎えるのは、とても幸せだと思います。

20 × 20

范文 55　一番好きな季節(1)

　　四季の中で一番好きな季節は春です。
　私は冬の寒さが苦手なので、暖かくなる春が好きです。春になると、いろいろな花が咲き始めてとてもきれいです。薄着で外に出かけられるようになって、外で遊べる時間も長くなります。私たち学生にとっては、冬休みが終わって新学期が始まる時期で、新しい目標に向かって頑張る気持ちになれます。また、私は春の休日に家族や友だちと公園へピクニックに行くのが好きです。桜やチューリップなど色とりどりの花が咲いている公園を散歩しながら、花見をするのは楽しいし、暖かい春の日差しを浴びながら芝生に横になって本を読んだり、お弁当を食べたりするのはとても気持ちいいです。そして、私は3月生まれなので、自然に春が大好きです。
　一年の始まりで、希望と夢を与えてくれる春が一番好きです。

20 × 20

238

范文 56　一番好きな季節(2)

私の住んでいる町は四季折々の美しい景色が楽しめますが、一番好きなのは夏です。

なぜなら、夏になると、思いきりプールで泳ぐことができるからです。プールに飛び込み、魚のように自由に泳いだり、友だちと水遊びをしたりするのは私にとっての夏の一番の楽しみです。また、夏休みという一番長い休みがあります。私は夏休みによく祖父母が住んでいる田舎へ行きます。祖父母の家の前には大きな池があって、7月になると蓮の花が見頃を迎えます。ピンクの花が池一面に咲き乱れ、とても美しいです。そして、雨が上がった後、蓮の葉っぱに水玉ができてころころ転がっている様子もなかなか面白いです。よく池のそばに座って、この夏にしか見られない風景を十分に楽しみます。

夏はたくさんの思い出を作れる季節です。

20 × 20

239

范文 57　私の故郷（1）

　　私の故郷は海が見える港町です。

　　家から15分くらい歩くと、砂浜に着きます。砂が細かく、海がきれいです。小さい頃、よく近所の子どもたちと一緒にこの砂浜で遊びました。海水浴をしたり、砂で山や城を作ったりして、何のおもちゃがなくても楽しく遊べました。そして、私は貝殻を拾うのが好きでした。たまに珍しい形の貝殻を見つけると、友だちに自慢して、みんなで喜びました。今も実家にはいろいろな貝殻がたくさん飾ってあります。また、私の故郷は海鮮料理がおいしいことで有名です。近年、町の開発が進んで、娯楽施設やレストラン、ホテルなどが多く建てられました。遠い所から来る観光客も増えてきました。

　　高校に入って故郷を離れましたが、故郷での楽しい思い出はずっと心の支えになっています。

20×20

240

范文 58 私の故郷(2)

私の故郷は田舎の小さな村です。
　家は木々に囲まれています。100メートル
くらい歩くと、村の畑があります。うちは稲
や野菜を栽培する農家です。毎年7月中旬頃
は、稲が成熟して、一年で一番忙しい収穫時
期に入ります。私もよく両親の稲刈りを手伝
いました。鎌で稲の束を刈り取る作業を長時
間続けると、腰も手も大変疲れてしまいます。
しかし、収穫の喜びを味わうことができます。
村の後ろには緑豊かな山があります。子ども
の頃、その山は私たちのいい遊び場でした。
春になると、よく仲間と一緒に竹の子を掘り
に行きました。また、いろいろな昆虫を採集
し、観察するのも楽しかったです。
　中学校に入ってから、学校の寮に住むこと
になりました。休日にしか故郷に帰れません
が、故郷での楽しい思い出はなかなか忘れら
れません。

20 × 20

范文 59　母の日

　毎年5月の第2日曜日は母の日です。この日に、日頃の感謝を込めて母に花やプレゼントを贈るのが普通です。

　これまで私は母の日に自分のお小遣いで母が好きなバラを買って贈りました。今年は何か特別なものを贈ろうと思いました。母は中学校の先生で、毎日仕事と家事で疲れています。それで、今年の母の日には朝ご飯を作ろうと決めました。普段より1時間早く起きて、炊飯器に米と水を入れてお粥モードに設定しました。それから冷凍の饅頭を蒸して、目玉焼きを作りました。初めてなので、火が強すぎて卵の一面が焦げてしまいました。両親が起きて、テーブルに並んでいる朝ご飯を見て、驚いていました。母に「母の日おめでとう、そしていつもありがとう」と言いました。

　母は私の特別なプレゼントをとても喜んでくれました。

20 × 20

范文60　父の日

　　父の日は毎年6月の第3日曜日で、父への感謝を表す日です。

　　小さい頃、母の日にはよく母にカーネーションを贈りましたが、父の日は祝った覚えがなかったです。私の父は優しい人です。いつも仕事が忙しい母に代わって料理を作ってくれたり、宿題の手伝いをしてくれたりします。父には感謝の気持ちでいっぱいです。去年、父の日の前日に、「父の日のお祝いをしよう」と母に相談しました。当日、母はわざと父を遠いスーパーへ買い物に行かせました。その間、私と母はごちそうをたくさん作って、ケーキを買ってきました。帰宅した父はびっくりしていました。父の名前を入れた万年筆をあげて、「お父さん、今までありがとう」と言いました。父はとても喜んでくれました。

　　父の日に感謝の気持ちを伝えることができてよかったです。

20 × 20

范文 61　私が担当している家事

　　私は中学1年生の時から、家のお風呂掃除を担当しています。

　　うちの浴室はあまり広くありませんが、大きな浴槽があります。汚れがたまりやすいので、週に2回は掃除をしなければなりません。大変そうでやりたくなかったのですが、結局、姉とのじゃんけんに負けて私が担当することになりました。最初はいやいやながらスポンジで擦りました。やっているうちに、何かきれいにするコツがあるのではないかと思いました。それで、ネットで浴槽掃除のやり方をいろいろ調べてみました。そして、洗剤を替えて正しい手順に従ってやってみると、不思議なことに、汚れが簡単に落ちてきれいになりました。ぴかぴか光っている浴槽を見ていると、気持ちもすっきりします。

　　どんなことに対しても真剣に取り組む姿勢が大切だと思います。

20 × 20

范文 62　放課後の過ごし方について

　　学校が終わったら、習い事や塾に通う人もいれば、スポーツなどをする人もいます。放課後の過ごし方は人によって違います。
　　私は高校に入るまでは放課後、週に2回ピアノ教室に通っていました。高校に入ってからは、勉強が忙しくなってピアノをやめました。放課後、家に帰ってすぐ宿題を始める人もいますが、私は勉強の前に軽いスポーツをするようにしています。家の近くの公園で20分くらいジョギングをしたり、雨の日は家で縄跳びを1000回したりします。スポーツをすることで一日の授業で疲れた脳がリフレッシュできますし、後の勉強の効率も上がります。宿題を終わらせてからは好きな本を読んだり、音楽を聞いたりしてリラックスします。
　　どんなに勉強が忙しくても、放課後は少し好きなことをして気分転換をしたほうがいいと思います。

20 × 20

范文 63　中秋節について

　　毎年旧暦の8月15日は中秋節です。我が国の伝統行事の一つで、2008年から国民の祝日となっています。

　　中秋節には親しい人やお世話になっている人に月餅を贈る風習があります。月餅は満月のように丸いことから、一家団欒を象徴します。家族みんなが集まって、月餅を食べて、一家の円満と幸福を祈ります。月餅の餡にはいろいろな種類がありますが、私は小豆と蓮の実の餡が一番好きです。また、中秋節の夜は家族と一緒に散歩に出かけて、秋の夜空に輝く満月を眺めます。街には赤い提灯が飾られていて、めでたい雰囲気が感じられます。この時期は、ちょうど金木犀の花が咲き頃を迎え、街の所々に甘い香りが漂っていて、とても気持ちいいです。

　　毎年、家族と過ごす中秋節をとても楽しみにしています。

20 × 20

246

范文 64　好きな中国のアニメ

　　私の好きな中国のアニメは『ナタの魔童降世』です。

　　この映画の主人公は中国古代神話に登場するキャラクターのナタです。「世に災難をもたらす」と言われたナタが、とんでもないいたずらっ子から人々の命を救うスーパーヒーローに成長する物語です。従来のナタのイメージとは全然違います。性格や特徴などが新たに設定され、ストーリー性も抜群で、子どもだけでなく、大人も十分楽しめる作品です。そして、アクションシーンは迫力があって、非常に格好よかったと思います。この映画を見て、ナタが前を向いて、運命と粘り強く戦う姿勢に感動しました。「自分の運命は天ではなく、自分が決める」というセリフも心に響き、ずっと記憶に残っています。

　　私はナタのように積極的に夢を追い求める人になりたいです。

20 × 20

三、社会热点类题材

范文 65　食べ物を大切にしよう

　　生活が豊かになるにつれて、食べ物を無駄にすることも多くなってきました。今、全国各地で「光盘行動」を行い、食品ロスを減らすように呼びかけています。

　　食べ物は私たちが生きていくための基本ですから、その大切さを見直し、無駄にしないように工夫しなければなりません。例えば、よく考えてから食品を買います。過剰な購入をやめることで無駄に捨てられる食品を減らせます。そして、料理を作り過ぎないで、食卓に並んだものを残さないようにすることです。また、外食の時も注文しすぎないで、食べ切れない場合は家に持ち帰ります。このように、食品の無駄を減らすためには、一人ひとりの行動が大切です。

　　世界には飢餓に苦しんでいる人がまだ多くいます。感謝の気持ちを持って食べ物を大切にしましょう。

20 × 20

范文66　ごみの分別

　私たちは生活の中で、毎日たくさんのごみを出しています。私の町では、一昨年からごみを分別してから捨てることになりました。
　捨てる前に、資源ごみ、生ごみと乾燥ごみなどに分類しなければならないので、最初は面倒くさくて嫌でした。しかし、ごみの分別は資源を有効に活用するために必要な作業です。ごみの分別で資源の回収率が上がります。使い終わった瓶や缶などは繰り返し利用できる資源ですから、分別しないでそのまま出すともったいないです。そして、ごみを燃やして処理する場合、二酸化炭素が排出されるから、分別することで燃やすごみを減らし、地球温暖化を防止することができます。また、果物の皮などの生ごみは畑の肥料として使えます。ごみの分別はメリットが多いです。
　ごみの分別を徹底するには、私たち一人ひとりの努力が必要です。

20 × 20

范文 67　電動バイクについて

　　ここ数年、電動バイクを利用する人が増えてきました。

　　電動バイクはとても便利な乗り物です。自動車より運転しやすいし、自転車より速いです。特に朝夕のラッシュアワーに渋滞に巻き込まれることがないので、よく通勤や子どもの送迎に使われています。また、電気を使うので、環境にも優しいです。その一方で、電動バイクによる交通事故が多発しています。電動バイクがスピードを出しすぎて、大型トラックと接触する事故が多いそうです。また、バッテリーが充電中に突然爆発して火事になることもあります。ですから、電動バイクに乗る時は必ずヘルメットを着用し、交通ルールを守ること、安全な場所で充電することなどいろいろ注意しなければなりません。

　　安全運転を心掛けて電動バイクを利用しましょう。

20 × 20

范文 68　フードデリバリーについて

　　近年、町でよくフードデリバリーのバイクを見かけます。スマホの普及に伴い、フードデリバリーサービスがブームになっています。

　　フードデリバリーサービスのおかげで、生活が便利になりました。料理を作る時間がない時や雨で外出したくない場合はスマホアプリで好きな食べ物を注文して、大体1時間以内に家に届けてもらえます。また、行列に並ばなくてもいいし、店で食べるより値段が安い場合もあります。しかし、配達員は決められた時間内に配達するために交通違反をして、事故を起こす場合もあります。また、配達用のプラスチック容器や袋などのごみも多く出て、環境によくないです。そして、つい料理を頼みすぎて、食べ残すこともよくあります。

　　フードデリバリーサービスは便利ですが、課題も多いです。環境に配慮しながら、利用しましょう。

20 × 20

范文 69　最近気になったニュース

　　最近気になったニュースは女子サッカーチームがアジアカップで優勝したニュースです。
　　ニュースによると、韓国との決勝戦で前半は0対2で負けていたそうです。ところが、後半戦に入って中国チームが続けてゴールを決め、2対2の同点になりました。その後、双方が熱戦を繰り広げて、同点のまま90分が過ぎました。延長戦に入るまでわずかな時間しかありませんでした。93分頃、肖選手が決勝ゴールを決め、中国チームは優勝を果たしてアジア王者となりました。受験勉強で試合の生中継は見られませんでしたが、ネットニュースを見て、とても興奮しました。
　　選手たちは前半戦で2点リードされるという不利な局面でも、最後まで諦めないで一生懸命に頑張って歴史的な逆転劇を演じました。大きな勇気と感動をもらいました。私ももっと勉強を頑張ります。

20 × 20

范文 70　異文化交流について

　　グローバル化が進むにつれて、異文化交流が盛んに行われています。異文化交流を通じて、習慣や文化の違いを知ることができて、自分の視野を広げることができます。そして、異文化交流では文化の違いを認め、お互いに尊重し、理解し合うことが大切だと思います。

　　私は今日本語を勉強しています。佐藤先生という日本人の先生が会話の授業を担当しています。佐藤先生はよく日本の文化について教えてくださいます。先生のお宅で日本料理を食べたこともあります。日本の食事のマナーについても紹介してくださいました。先生とのコミュニケーションで、今まで自分が当り前だと思っていた習慣が実は当り前ではないということに気付くこともあります。

　　私は将来日本へ留学に行きたいと思っています。もっと日本文化への理解を深めたいです。

20 × 20

范文 71　北京冬季オリンピックについて

　2022年2月北京冬季オリンピックが開催されました。初めて中国で行われた冬季オリンピックです。

　大会マスコットのビンドゥンドゥンは大人気を集めました。開会式は二十四節気のカウントダウンから始まりました。一番印象に残ったのは、聖火の点火です。聖火台は雪の結晶を模した形で、その一つ一つに参加国と地域の名前が書かれていました。そして、中心部にトーチを差し込んで、トーチの火がそのまま聖火となる斬新なものでした。私はちょうど冬休み中で、テレビの前で応援していました。一番好きな種目のフィギュアスケートのペアで、わが国が金メダルを取った時は、とても感動しました。今も忘れられません。

　北京冬季オリンピックは世界中の人々に勇気、希望と感動を与え、とてもすばらしい大会となりました。

20 × 20

范文 72　新型コロナウイルス感染症対策について

　　2020年の初めから新型コロナウイルス感染症が世界中で大流行し、私たちの生活に深刻な影響を与えています。

　　我が国では感染者ゼロを目指して、大変厳しい措置を取っています。早い段階で検査をして感染者を発見し、隔離、治療を行っています。そのおかげで、感染拡大をできる限り小さくすることができて、経済や社会への影響も減らすことができました。また、全国的にワクチン接種を実施したことで、重傷者や死亡者をできる限り抑えました。私たち個人にできることは、外出の時にマスクをつけることや手洗いを徹底することなどです。学校ではなるべく密にならないように工夫して過ごしています。一人ひとりの意識が感染拡大を防ぐことにつながると思います。

　　一日も早く人類が勝利を収めることを願っています。

20 × 20

四、応用文与图表类作文

范文 73　高橋さんへのメール

高橋さん

こんにちは。王です。
本田先輩が念願の大学院に受かったそうで、みんなでお祝いパーティーを開くことになりました。お時間がありましたら、高橋さんも一緒に行きませんか。
パーティーの時間は来週土曜日の午後7時から9時までです。場所は学生センターです。
当日、私がピザやお寿司、ジュース、お茶などを用意しますから、食べ物などを持っていく必要はありません。費用は後でみんなで負担することになりました。また、お祝いに何かプレゼントを贈ろうと考えています。何かいいアイディアがあったら、教えてください。
パーティーに参加できるかどうか、来週の金曜日までに私にご連絡ください。
どうぞよろしくお願いします。

王　小華

20 × 20

范文74　木村さんへのメール

木村さん

こんにちは。王燕です。

今週末、クラスの仲間たちとお花見に行く予定です。時間がありましたら、一緒にどうですか。天気予報によると、土曜日は雨で、日曜日は晴れるそうですから、日曜日にしました。場所は、当初は有名な桜公園に行く予定でしたが、週末は大変混雑するから、郊外の東山公園に決めました。ちょっと遠いですが、花見客が少なくて落ち着いてお花見が楽しめると思います。当日は自分でお弁当を持っていってもいいし、東山公園のコンビニでお弁当や飲み物を買ってもいいです。朝8時に市民センター駅に集まって、一緒に行きます。では、お返事を待っています。

よろしくお願いします。

王燕

范文 75　渡辺さんへのメール

渡辺さん

こんにちは。劉佳です。

留学生活には慣れてきましたか。実は、来週
土曜日の午後 5 時半から 7 時まで学生食堂で
「中日学生交流会」を行うことになりました。
よかったら、渡辺さんも参加してみませんか。
学生課の周先生が交流会の司会を担当します。
交流会では、みんな勉強や生活のことについ
ていろいろ話し合うことができます。そして、
木村先輩に留学生代表としてあいさつしても
らいます。交流会が終わった後、記念写真を
撮ります。写真は 2 週間後にみんなに渡しま
すから、入場の時に受付で自分の住所と電話
番号を書いてください。
では、お返事を待っています。
どうぞよろしくお願いします。

劉　佳

范文 76　朝食を食べないことについて

　朝食を食べない人が多いそうです。いつから朝食を食べないようになったのでしょうか。それに関する調査結果が発表されました。

　このグラフで示されたように、「20～29歳から」と回答した割合が25.0％と最も高く、それに次いで、「高校を卒業した頃から」が18.4％で、「高校生の頃から」が11.8％となっています。つまり、若い世代に朝食を食べない人が多いことがわかります。その理由はいろいろあると思いますが、朝食を食べないと、体に悪い影響を与えます。例えば、脳や体が栄養不足になり、勉強や仕事の効率が下がります。また、朝食を食べないことで代謝リズムが異常になり、体重がかえって増えて、ダイエットに逆効果があるそうです。

　朝食は1日を元気に過ごすための大事なスイッチです。朝食をしっかり食べて、健康な1日を始めましょう。

20 × 20

a

Unit 3 写作进阶训练

一、校园生活类题材

范文 77 一番好きな本

　　私は本を読むことが好きです。一番好きな本は『ナミヤ雑貨店の奇蹟』です。東野圭吾の代表作の一つです。

　　「ナミヤ雑貨店」という店を舞台に少年たちが様々な人物との手紙のやり取りを通して再生していく姿を描いた心温まる物語です。盗みを働いた少年3人は古い雑貨店に逃げ込みました。以前は店の牛乳箱に悩み相談の手紙を投げ込むと、翌日に店主から返信をもらえるという不思議な店でした。少年たちはその店主の代わりに悩み相談の手紙に返信しました。最初は多くのことが謎に包まれていますが、読んでいるうちに人物のつながりが見えてきてとても面白いです。また、少年たちが人とのやりとりや店主からのアドバイスで新しい人生を歩んでいくことも感動的です。

　　幻想的な物語の展開ですが、現実味があって、大好きな本です。

20 × 20

范文78　電子辞書について

　　私は高校に入って、日本語の勉強を始めました。その時に電子辞書を買いました。

　　電子辞書はメリットが多いです。例えば、単語や文型が素早く検索できます。発音も音声で確認できますから、非常に便利です。そして、1台の電子辞書にいろいろな辞書が入っていて、何でも調べられます。また、小さくて軽いですから、持ち運びやすいです。その一方で、電子辞書は値段が高いです。また、簡単に言葉を調べられる分、すぐに忘れてしまうというようなデメリットもあります。

　　ですから、私は普段家で勉強する時は、できるだけ紙の辞書を使うようにしています。紙の辞書である単語を調べると、他の単語も目に入ってきて知識が広がります。学校で勉強する時は、電子辞書を使います。つまり、場所によって電子辞書を活用したほうがいいと思います。

20 × 20

范文 79　日本語の勉強について

　　私は高校1年生の時に日本語を学び始めました。最初は漢字が多くて簡単だと思いましたが、勉強すればするほど難しく感じます。

　　2年上の先輩に相談したら、いい勉強法を教えてくれました。それは耳、目、口、手で勉強することです。具体的に言うと、耳でCDなどの音声を聞く、目で映画やドラマを見る、口から声に出して読む、手で間違いノートを作るということです。この方法を実践してみたら、勉強が楽しくなりました。学習効率も上がって、日本語が上達しました。また、日本語の勉強において一番大事なのは単語だと思います。聴解や読解などすべての基礎になるから、毎日決まった量の単語を繰り返し覚えるようにしています。

　　将来、日本へ留学に行きたいと思っています。これからも一生懸命に日本語の勉強を頑張ります。

20 × 20

范文 80　運動と勉強

　　高校に入って勉強が忙しくなったから、運動する時間がないという人が多いです。私はどんなに勉強が忙しくても、運動する時間を確保したほうがいいと思います。

　　なぜなら、運動は学習効果を上げるのに役立つからです。長い時間机に向かって勉強を続けていると、頭が疲れてしまいます。運動することで脳が刺激され、活性化するから、思考力や集中力がアップします。また、運動はやる気にも関係があります。体を動かすことで疲れを取ったり、頭がすっきりしたりして、また頑張ろうという意欲が湧いてきます。

　　私はサッカーが好きですが、今一緒にやる仲間がなかなか見つかりません。ですから、毎日20分くらいジョギングするようにしています。受験勉強に熱中するのはいいことですが、少しの時間でもいいから日々の生活に運動を取り入れましょう。

范文 81　集中力の大切さ

　　受験生にとって、勉強中に集中力を保つことはとても大切なことです。

　　集中力が続かないと、長時間勉強しても勉強の内容が頭にしっかりと入ってきません。私は以前何時間もずっと机に向かって勉強したことがあります。頭が疲れて集中力が切れると、思わず文房具をいじったり、スマホを見たりして、勉強の効率が悪かったです。大学生の兄が勉強で重要なのは時間より集中力だと教えてくれました。それで、集中力を上げるためにいろいろ工夫しました。机の上には必要最小限の文房具しか置かないことにしました。また、1時間勉強したら10分休んで、勉強を短時間で区切るようにしています。そうすることで、勉強の効率を高めることができました。

　　どんなことでも集中力が続くと、成果が出やすいと思います。

20 × 20

范文 82　一番好きな四字熟語

　私が一番好きな四字熟語は「温故知新」です。過去のことをよく調べて学び、そこから新たな知識を得るという意味です。

　日々の勉強において、「温故知新」は大事なことだと思います。私は以前のテストで間違えた問題をノートにまとめて書いておきます。間違えた原因も加えて書きます。そして、週に1回必ずこの間違いノートを復習するようにしています。そうすると、よくわからなかった知識に対する理解が深まって、正しい知識が確実に定着します。そして、新しく学んだ知識との関連もよくわかるようになります。また、私は同じ参考書や問題集を何度も繰り返し解きます。そうすることで、学んだ内容を完全に吸収して忘れにくくなります。新しい発見もあって、効果的です。

　「温故知新」は大好きな言葉で、私の座右の銘です。

20 × 20

二、日常生活类题材

范文 83　プレゼント

　　私は今まで家族や友だちからたくさんのプレゼントをもらいました。その中で一番大事にしているのは、12歳の誕生日に両親からもらった自転車です。

　　私は自転車に乗ることが大好きです。しかし、12歳以下は道路で自転車に乗ってはいけないことになっています。12歳の誕生日に、両親がサプライズで自転車をプレゼントしてくれました。とてもうれしかったです。私が好きな赤で、前に大きなかごがついていて、おしゃれな自転車です。それからは自転車で通学するようにしました。自転車に乗って、風を感じながら走るのが好きです。特に、坂を下る時は、スピードが出て気持ちいいです。週末はよく自転車で友だちと一緒に図書館や公園などいろいろな所に行きます。

　　思い出がいっぱいつまった自転車を今でも大事にしています。

20 × 20

266

范文 84　私の夢(2)

　　私の夢は将来医者になることです。病気で苦しんでいる人たちを助けてあげたいです。
　　父は外科医です。私が子どもの頃、父が定時に帰宅することはほとんどありませんでした。そして、週末もよく電話で病院に来るよう呼び出されました。家にいても書斎で資料を調べたり、文献を読んだりして、私と遊んだ記憶はありません。それで、よく母に文句を言いました。しかし、小学5年生のある日、家に一通の手紙が届きました。それは患者さんからの感謝の手紙でした。その患者さんは父の手術のおかげで命が助かったそうです。その時、初めて医者という仕事は人の命を救う大事な仕事だとしみじみ感じました。そして、自分も父のような医者になりたいと思うようになりました。
　　夢を実現するために、今医学部を目指して勉強を頑張っています。

20 × 20

范文 85　幸せな瞬間

　我が家の晩ご飯はいつも母が会社から帰ってきて作ります。最近、母は仕事が忙しくて帰りも遅くなって、晩ご飯を食べる時間もだいぶ遅くなりました。母はいつも疲れているように見えます。それで、昨日、自分で晩ご飯を作ってみようと思いました。

　以前作ったことがないから、トマトと卵の炒め、豚肉とキャベツの炒めと白菜の炒めという簡単な3品を作ることにしました。ネットで作り方を調べて、動画を見ながら作りました。出来上がった料理は、見た目は母の作ったものと大体同じでしたが、味はずいぶん違っていて、少し落ち込みました。両親が帰ってきて、食卓に並んでいる料理を見て、とても喜んでくれました。母は「すごいね、おいしいよ」と褒めてくれました。

　母の喜ぶ顔を見ながら、晩ご飯を食べる瞬間はとても幸せでした。

20 × 20

范文 86　忘れられない一日

　　今年の重陽節に学校のボランティア活動で町の老人ホームへ行きました。

　　私たちはまず歌を歌ったり、楽器を演奏したりして自分の特技を披露しました。おじいさんとおばあさんたちは笑顔で一緒に歌を歌ったり、手を振ってくれたりしました。そして、私は目がよくないおじいさんに新聞を読んであげました。また、そのおじいさんは囲碁が趣味なので、囲碁の相手にしてあげました。おじいさんは「囲碁、久しぶりだな」と喜んでくれました。また、耳が遠いおばあさんがいて、同じ話をゆっくり何度も話しました。おばあさんはいろいろと会話ができて、とてもうれしそうでした。

　　老人ホームでの一日はおじいさんとおばあさんたちに何度も「ありがとう」と言われ、自分もやりがいや喜びを感じました。忘れられない一日でした。

20 × 20

范文 87　好きなスポーツ（3）

　　私は中学1年生の時から水泳を習い始めました。当時は太っていて、痩せるために始めたのですが、習っているうちに、水泳の楽しさがわかってきて、好きになりました。

　　水泳は全身運動で、水の中で消費するカロリーは陸上の4倍と言われているので、効果的なダイエット方法です。私は1年間泳いで、5キロも体重を落としました。水泳を続けることで肥満を解消して、いい体形を維持しています。そして、水泳は肩こりや腰痛を解消する効果もあります。また、泳ぎ方が様々で飽きることがないし、自分のペースで自由に泳ぐことで、リラックスできて、爽快感を味わえます。私にとって水泳は最高のストレス解消法です。

　　水泳は気軽に始められて健康にもいいスポーツですから、大好きです。これからも続けようと思います。

20 × 20

270

范文 88　自分の長所と短所

　　私の長所は好奇心旺盛なところです。子ども
もの頃から、いろいろなことに興味を持って、
質問も多かったです。それで、両親は本をた
くさん買ってくれました。様々な本を読んで、
知らなかったことを知ることができました。
大きくなってからは、読書だけでなく、旅行
に行くようにしました。実際にいろいろな所
へ行って、自分の目で確かめて好奇心を満た
しています。

　　その一方で、私の短所は飽きっぽいところ
です。子どもの頃は習字やピアノ、サッカー
など様々な習い事をしましたが、どれも半年
くらいでやめてしまいました。結果がすぐに
出ないものには興味を失って、やる気が持続
しないのはよくないと思います。

　　今後は自分の長所を伸ばすと同時に、短所
を克服するためにこつこつと努力していきた
いと思っています。

20×20

范文 89　一番好きな季節(3)

　　私は暑くも寒くもない秋が一番好きです。
　　秋は涼しくて過ごしやすいです。暑さが厳しい夏が終わり、涼しい風が吹いてきて、とても爽やかです。そして、美しい紅葉に癒されます。休日に市内の公園や郊外の山へ紅葉狩りに行くのが、我が家の秋の定番行事です。柔らかい日差しを浴びながら、自然の中を歩くのは気持ちいいです。地面に落ちた紅葉を拾って、しおりを作るのも楽しいです。それから、秋は気候がいいので、スポーツにもぴったりです。運動会は一年で最も盛り上がる学校行事で、私たち学生は何日も前から楽しみにしています。また、秋は食べ物がおいしい季節です。りんごや桃、梨、柿などのおいしい果物に栗、サツマイモなどもたくさん食べられます。
　　このように、私は過ごしやすくて快適な秋が一番好きです。

20 × 20

272

范文90　一番好きな季節(4)

冬というと、寒いイメージが強いですが、私の一番好きな季節です。

　冬の一番の楽しみは雪が降ることです。私の町は1月頃よく雪が降ります。暖かい部屋の窓辺でわくわくしながら、しんしんと降り積もる雪を眺めます。雪が止んだら、友だちと雪遊びをします。小さな雪玉を転がして大きくして、雪だるまを作ります。みんな協力して作るのは楽しいです。そして、木の枝や家から持ってきた人参などで雪だるまを飾るのも面白いです。また、よくグループに分かれて雪合戦をします。雪を丸めてボールを作って投げ合います。とても楽しいです。冬が好きなもう一つの理由はお正月を迎えるからです。お正月に家族全員が集まるのは楽しいし、お年玉をもらうのもうれしいです。

　冬は寒いですが、私にとっては一番楽しい季節です。

20 × 20

范文 91　運動と私たちの生活

　　私はバスケットボールが趣味ですから、週末になると、よく友だちと一緒にバスケットボールをやります。運動は私たちの生活において重要な役割を果たしていると思います。

　　その理由として、まず運動は健康にいいです。定期的に体を動かすと、脂肪を燃焼させ、肥満を予防し、糖尿病や高血圧などの生活習慣病になるリスクを減らせます。そして、脳を活性化させ、勉強や仕事の効率も上がります。また、運動で友だちの輪が広がります。私は内向的な性格ですが、バスケットボールをやって、同じ趣味を持った仲間に出会って友だちが増えました。その他に、運動は睡眠の質を改善し、ストレス解消になるなど精神的な面にもいい影響を与えます。

　　もちろん、過度な運動はかえって体に悪いから、日々の生活の中で適度な運動を心掛けましょう。

20 × 20

范文 92　たばこを吸うことについて

　たばこは体に悪い影響を与えるので、私はたばこを吸わないほうがいいと思います。
　その理由として、まず、たばこにはニコチンや一酸化炭素など200種類以上の有害物質が含まれています。長年たばこを吸うと、呼吸器官が炎症を起こし、肺がんにかかるリスクが高まります。そして、たばこの煙は呼吸器官だけでなく、血液にも入り、体のほかの部分にも悪い影響を及ぼします。それから、たばこの火種が残った吸殻が原因で火災を引き起こすこともあります。また、たばこを吸う本人だけでなく、周りの人も大きな健康被害を受けます。普段たばこを吸わない人はたばこの煙に敏感で、たばこを吸う本人よりも健康被害が大きいと言われています。
　このように、たばこは百害あって一利なしです。公共の場では全面禁煙を行うべきだと思います。

20 × 20

范文 93　車と私たちの生活

　　生活が豊かになるにつれ、車を持っている家庭が増えています。

　　車があると生活が便利になります。公共交通機関の時間を気にせず、自分のペースで移動できます。買い物に行く場合、特に米や水など重いものを買う時は、車があるほうが便利です。そして、休日に車を運転してドライブや家族旅行に行くのはとても楽しいです。私が習い事に通う時は、父が車で送り迎えをしてくれるので、時間の節約になります。こんなに便利な車ですが、問題点も多いです。交通渋滞を引き起こし、車の排気ガスが大気汚染の原因になります。また、保険料やガソリン代などがかかって維持費が高いです。

　　車のある生活は確かに便利ですが、普段はできるだけ公共交通機関を利用したり、電気自動車といった環境に優しい車を利用するように心掛けましょう。

20 × 20

范文 94　もし 10 万元当たったら

　　もし宝くじなどで 10 万元当たったら、何に使うか考えてみました。

　　まず、母にマッサージシートを買ってあげます。毎日料理を作ってくれたり、掃除や洗濯などの家事をしてくれたりする母に「ありがとう」と伝えたいからです。そして、両親を連れて北京へ旅行に行きたいです。両親は以前から首都へ行きたがっていましたが、経済的な余裕がありませんでした。ですから、10 万元当たったら、親孝行をしたいです。また、自分には新発売の電子辞書をプレゼントしたいです。カラー画面で、様々な辞書が内蔵されている電子辞書が前からほしかったです。きっと日本語の勉強が楽しくなると思います。

　　もし 10 万元当たったら、私は家族が喜ぶようなことと自分の勉強に役立つことに使いたいです。

范文 95　食事のマナー

　　食事のマナーで人に与える印象が変わるので、食事のマナーを守ることは大事です。

　　まず正しい姿勢で食べることが重要です。背中を丸めて食べたり、テーブルの上に肘をついたりしながら食べるのはマナー違反です。そして、箸の正しい持ち方や使い方にも気をつけなければなりません。どれを食べようか迷って、器の上で箸をあちこちに運ぶことや食事中に箸先を舐めたり吸ったりしてはいけません。また、スープを飲む時は、できるだけ音を立てないことです。食事中に会話をする場合は、食べ物を口に入れた状態でしゃべるのを避けましょう。最近、食事中にスマホを見る人がいますが、これもマナー上よくないことです。

　　周りの人を不快にさせないように、最低限の食事のマナーを心掛けて、楽しい食事の時間を過ごしましょう。

范文 96　私の悩み

　　私は今高校三年生ですが、卒業後の進路について両親と意見が合わなくて悩んでいます。
　　私は子どもの頃から日本のアニメに興味を持っていて、将来は日本の専門学校でアニメ制作について勉強したいと思っています。高校を卒業したら、まず日本語学校で1年間日本語を勉強して、専門学校に進学したいです。しかし、両親に反対されています。国内の大学を卒業して、教師か公務員になってほしいと言われています。また、両親は私が海外で一人暮らしをすることをとても心配しています。私は教師や公務員といった安定した仕事より、自分の趣味を仕事にしたいです。留学生活は苦労も多く大変だと思いますが、頑張って夢を実現させたいです。
　　長年の夢をあきらめたくないですが、両親を説得するのが難しくて悩んでいます。

20 × 20

Step 3 Unit 3

279

范文 97　後悔したこと

　　私は中学2年生の時に、スマホに夢中にな
った時期がありました。
　　14歳の誕生日に、両親にスマホを買っても
らいました。1日1時間以上使わないと約束
しましたが、なかなか守れませんでした。家
に帰って、あまり宿題もしないで、ウィーチ
ャットで友だちと長時間やりとりをしたり、
ゲームをしたりして、1日5時間以上使って
いました。また、夜中にこっそりスマホで動
画を見たこともありました。成績がみるみる
下がって、期末試験では数学と英語が不合格
になりました。その時初めて危機感を覚えま
した。その後はスマホを両親に預けて、勉強
に集中しました。なんとか今の高校には合格
しましたが、第一志望の高校に受かることは
できませんでした。
　　あの時、スマホに夢中になったことを今で
も後悔しています。

范文 98　今年の目標

　　私は今年高校を卒業します。高校三年生に
なると、人生の大きな分岐点に立っているよ
うな気分です。ですから、今年の目標もだい
ぶ変わりました。

　　まず、第一志望の大学に合格することです。
そのために必死で勉強するつもりです。特に、
不得意科目に力を入れて取り組んで、成績を
上げます。次は、運転免許を取ることです。
大学受験が終わったら、教習所に通うつもり
です。時間をかけて将来役立つスキルを身に
つけたいと思っています。最後に、お小遣い
を貯めて、冬に東北の方へスキーに行きます。
私は広州の出身で、雪山どころか、雪さえあ
まり見たことがありません。ですから、一面
に広がる銀世界を満喫したいです。

　　今年はとても大事な一年です。目標に向か
って一生懸命に頑張って、悔いのない一年に
したいと思います。

20 × 20

范文 99　最近身についた習慣

　　私は読書が好きですが、あまり時間がなかったりして、買ってきた本をちゃんと読まないことが多かったです。それで、本をもっと読めるように新しい習慣を身につけました。

　　それは、毎日一定の時間を読書に当てて、読む時は机の上に何も置かないようにすることです。最初は「1日2時間読書する」と目標を立てましたが、続けるのが大変でした。そこで、毎日学校から帰ってきたら、まず30分本を読むことにしました。読み終わると、気分が落ち着いて、宿題もうまく進むようになります。そして、読書の時はスマホやタブレットを全部引き出しにしまいます。集中しやすい環境を作って、読書を習慣化します。3か月ほど経つと、決まった時間に自然に集中して本を読めるようになりました。

　　新しい習慣のおかげで、たくさん本を読むことができました。

20 × 20

三、社会热点类题材

范文 100　大学生のアルバイトについて

　　大学生にとって一番重要なのは学業です。学業を第一に考えながら、週末や夏休みなど時間に余裕がある時に、アルバイトを頑張るのはいいと思います。

　　その理由として、まず、社会経験ができると思います。アルバイト先で客や上司、先輩とどう付き合うかについて勉強できるし、給料をもらって仕事することへの責任感も生まれます。次に、幅広い年代の人と一緒に働くことで、コミュニケーション能力が高まるし、人間関係も広がります。また、アルバイトを経験することで、自分のやりたいことや向いている仕事がわかってきて、将来の就職に役立ちます。最後に、アルバイトで稼いだお金で友だちと遊びに行ったり、好きなものを買ったりするのは楽しいです。

　　大学生が学業に影響が出ない範囲でアルバイトをすることに賛成です。

20 × 20

范文101　断捨離について

　　近年、断捨離という言葉が注目を集めています。

　　断捨離とは要らないものを減らし、ものへの執着から離れることで、より快適に暮らそうという思想です。断捨離をすると、部屋がきれいに片付くだけでなく、無駄遣いも減ります。また、捜し物の時間が減って時間的に余裕ができます。では、断捨離を始めるにはどうすればいいのでしょうか。まず、ルールを決めることが大切だと思います。例えば、まだ使えるけど1年以上使っていないものを思い切って処分します。本当に必要なものだけを残します。それから、できるだけ物を増やさないことです。買い物をする前に、本当に必要かどうかよく考えてから買います。

　　断捨離は様々な効果をもたらすので、日々の生活で身の回りの物から少しずつ実践してみましょう。

20×20

范文102　旅行の時のマナー

　　旅行に出かける人が年々増えていますが、落書きやごみのポイ捨てなどの旅行先でのマナー違反行為も目につくようになりました。

　　去年の夏休みに、私は家族旅行で杭州の有名なお寺に行きました。建物の壁に落書きが書いてありました。「○○がここに旅に来た」という内容でした。1,700年もの歴史を持っている有名な建築物にそのような落書きがあって、とても残念に思いました。また、美術館では「触らないでください」という注意書きが置いてあるのに、絵画作品を手で触る人や、静かな館内で携帯電話で大声でしゃべる人もいました。とても嫌な気持ちになりました。このような迷惑行為のせいで、他の観光客は旅行を十分に楽しめなくなると思います。

　　楽しくて快適な旅をするためには、一人ひとりがマナーを守ることがとても大切だと思います。

20 × 20

285

范文103　学歴について

　　今の社会において学歴は大切だと思います。
　　その理由として、まず、学歴は就職や会社での昇進昇給にプラスになるということです。高学歴でいい大学を卒業したということは本人が努力をしてきて、それ相応の理解力や思考力があるという証明です。そして、学歴が高い人の周りには自然と高学歴で優秀な人が集まっていて、よい影響を受けます。また、高学歴の人の中には自己肯定感が高い人が多いです。しかし、学歴さえあればいいというわけではありません。高学歴の人が会社に入って、必ずしも仕事ができて成功するとは限りません。学歴が低い人でも、一生懸命に努力をして仕事で成功したケースはたくさんあります。
　　学歴はすべてではありませんが、就職の時に有利なのは確かだと思います。頑張っていい大学に入りたいです。

20 × 20

范文 104　海の汚染について

　　近年、経済発展に伴い、海の汚染が深刻になり、世界で問題視されるようになりました。

　　海の汚染には様々な原因があります。例えば、私たち人間が出すごみで海が汚されています。特に、プラスチックごみが海の環境に大きな影響を与えています。先日、テレビで海に住む魚などの生物がごみを餌と間違えて食べて大量に死んだというニュースを見ました。そして、工場からの排水や生活排水も海の汚染の原因になります。その排水には化学物質が多く含まれていて、海の環境を破壊してしまいます。

　　海の汚染が世界中で注目され、各国は様々な対策を講じています。私たちにできることも多いです。日頃からごみを減らすことやビニール袋を使わないこと、海辺で遊ぶ時はごみを持ち帰ることなど、身近なことからやってみましょう。

20 × 20

范文105　二十四節気について

　　二十四節気は太陽の動きによって、1年を春夏秋冬の4つの季節に分け、さらにそれぞれ6つに分けたものです。

　　二十四節気には「谷雨」「寒露」など季節感があふれる言葉がたくさんあって、古代から農作業などの目安にしてきました。今も各節気にいろいろな風習があります。例えば、「立春」は一年で最初に来る節気で、北の方の人は春餅、南の方の人は春巻を食べます。「清明」になると、みんなお墓参りに行きます。「立夏」には、学校で子どもたちが卵に絵を描くイベントが行われ、伝統的な風習を体験します。「冬至」の日は先祖を祭って、ギョーザなどを食べる風習もあります。

　　私たちは今も日常生活の多くの場面において、二十四節気と接しています。それを知ることで、先人の思いと知恵を感じられていいと思います。

20 × 20

288

范文 106　地球環境を守るために私たちができること

　　地球環境を守るために私たちができることは何でしょうか。

　　まず、ごみを減らすことです。例えば、外出の時にエコバッグやマイ水筒などを持っていけば、使い捨て商品によるごみが少なくなります。また、ごみを分類することで、資源ごみがリサイクルされ、捨てられるごみもかなり減るでしょう。それから、毎日の生活で節電・節水を心掛けましょう。誰もいない部屋の電気を切る、夏のエアコンの設定温度を上げるなどして電気を大切に使うことです。手を洗う時、歯を磨く時は水を流したままにしないことも大事です。そして、要らないものは、なるべくほしい人に譲って、有効に使いましょう。

　　地球環境を守るためには、私たち一人ひとりの行動が大切です。地球にやさしい生活を心掛けましょう。

20 × 20

范文 107　北京冬季オリンピックで一番感動したこと

　　2022年2月に行われた北京冬季オリンピックは私たちに大きな感動を与えました。

　　私が一番感動したのは、開会式の「雪の結晶とハト」をテーマに小学生たちが登場するシーンです。数百人の小学生たちが平和の象徴であるハトの道具を手に持って、雪の結晶のもとに集まっていく内容です。その途中で、一羽の「ハト」が群れから離れ、道に迷ってしまいます。そこで、もう一羽の「ハト」がその「迷子バト」を迎えに行って、一緒に群れに戻ってきます。これはアクシデントではなく、演出の一環だそうです。テレビの前で見ていた私は、とても感動しました。大会のスローガンである「共に未来へ」を表現していると思います。

　　開会式では「スポーツを通じて平和な世界の実現に寄与する」というオリンピック精神を改めて認識しました。

20 × 20

290

范文 108　新型コロナウイルス感染症が終息したら

　　新型コロナウイルス感染症の流行が始まって2年が経ちました。終息したら、いろいろなことをやりたいです。

　　まず、故郷で暮らしている祖父母に会いに行きます。3年近く会っていないので、早く会いたいです。そして、家族や友だちといろいろなところへ旅行に行きたいです。ずっと前から雲南省へ遊びに行きたかったのですが、国内旅行ならいつでも行けるからと先延ばしにしていました。コロナ禍で行けなくなった今は、後悔しています。また、コロナ禍が終わったら、コンサートに行って思う存分楽しみたいです。コロナ禍で多くのコンサートやライブが延期や中止になりました。とても残念に思っています。

　　コロナ禍で私たちの生活は大きく変わりました。一日も早く終わって、普段の生活に戻ってほしいと思います。

20 × 20

四、应用文与图表类作文

范文 109　佐藤先生への手紙

拝啓　　連日厳しい暑さが続いていますが、先生はお元気にお過ごしでしょうか。

　おかげさまで第一志望の東城大学日本語学科に合格することができました。この3年間、先生にはいろいろとお世話になり、大変感謝しております。高校に入ったばかりの頃は、日本語の勉強についていけなくて悩んでいました。あの時、先生にいろいろなアドバイスをいただき、わからないところを何度も説明していただきました。先生のおかげで日本語の成績が大幅に上達しました。

　9月から大学生活が始まりますが、私は日本文学について勉強したいと思います。これからもご指導をよろしくお願い申し上げます。

　しばらく暑い日々が続きそうですが、どうぞお体にお気をつけください。

　　　　　　　　　　　　　　　　　　　　　　　敬具

　20　2X年7月20日

　　　　　　　　　　　　　　　　　　　　　　　李　明

20×20

292

范文 110　山田さんへの手紙

拝啓　　11月に入ってだいぶ涼しくなってきました。お元気ですか。

　新学期が始まってもう2か月が経ちました。新しい学校はどうですか。慣れてきましたか。こちらは2年生になって、とても忙しくなりました。夜12時まで宿題をする日もあります。そして、今学期から月に1回模擬テストを行うことになったので、ストレスがたまります。以前は学校が終わって、よく山田さんと卓球をしに行きましたが、今はそんな時間がなくなりました。本当にあの頃が懐かしいです。

　元旦の休みは何か予定がありますか。もし時間があったら、1度会って食事をしませんか。いろいろと話ができたらいいなあと思っています。

　それでは、お返事を待っています。

敬具

20 2X 年 11 月 15 日

王　小華

20 × 20

范文 111　お母さんへのメモ

お母さんへ

　今日は友だちの山田さんが家に遊びに来る予定です。もうすぐ駅に着くそうですが、家までの道がわからないから、これから駅へ迎えに行きます。

　それから、山田さんと一緒に家の近くに新しくできた本屋へ行きます。山田さんは『日本の近代史』という本を探していますが、学校の図書館にはなかったそうです。

　冷蔵庫に飲み物がないから、帰りにスーパーに寄ってジュースやお茶を買ってきます。

　雨が降りそうだから、ベランダに干してある洗濯物を取り込みました。

　さっきお父さんから電話がありました。今日は残業で帰宅が遅くなるから、晩ご飯を用意しなくていいと言われました。

　では、行ってきます。

　7月20日

　　　　　　　　　　　　　　　　　太郎

20 × 20

294

范文112　木村さんへのメール

木村さん

こんにちは。李平です。

金曜日の誕生日パーティーに誘ってくれて、どうもありがとうございます。行きたい気持ちは山々ですが、残念ながらその日は夜9時までアルバイトをしなければなりません。バイト先の仲間に代わってもらおうと頼んでみましたが、みんな都合があって代わりに行ってくれる人が見つかりませんでした。せっかく誘ってくれたのに、本当にすみません。用意してある誕生日プレゼントは、当日張さんに持って行ってもらいますね。気に入ってくれたら、うれしいです。そして、少し早いけれど、「お誕生日、おめでとうございます。笑顔あふれる素敵な一年になりますように」。これからもよろしくお願いします。

李　平

20 × 20

范文113 一人旅について

　　ある旅行会社が一人旅に関するアンケート調査を実施して、調査結果をまとめました。

　　この2つの図が示すように、6割の人が一人旅をしたことがあるとの結果になりました。そして、「ある」と回答した男女の比率は男性が53％、女性が47％で、ほぼ同じです。性別に関係なく、一人旅を楽しんでいることがわかりました。一人旅は楽しいと思います。その一番の魅力は他人に気を遣わず自分のペースで自由に行動できることです。見たいものや食べたいものの好みは人それぞれです。一人旅なら、自分のしたいように計画を立てて行動できるからいいと思います。

　　もちろん、一人旅は寂しいと感じる人もいるし、安全面で不安に思う人もいます。家族や友だちと一緒に旅行を楽しむのもいいですが、たまには自由気ままな一人旅を満喫するのもいいと思います。

20 × 20

Unit 4　写作达人训练

一、校园生活类题材

范文 114　一番尊敬する科学者

　　私の一番尊敬する科学者は屠呦呦です。2015年ノーベル生理学・医学賞を受賞しました。これは我が国の医学界にとって過去最高の賞で、とても誇りに思っています。

　　屠氏は1960～1970年代に極めて厳しい研究環境の中で、地道な努力を重ねてマラリアの新たな治療法を発見して、世界の数億人の命を救いました。その時代は粗末な実験施設しかなく、屠氏は自分の体を犠牲にしながら実験を続けていました。屠氏の根気と研究に対する熱意にとても感動しました。92歳になった今も屠氏はなお研究に没頭しています。

　　私は小さい頃から医者になりたいと思っていましたが、医学部に入るのはなかなか難しくて、あきらめかけた時期があります。しかし、屠氏の話を聞いて、勇気と希望をもらいました。一生懸命に勉強して、将来は医者になりたいと思っています。

20 × 20

范文115　高校生のスマホの使用について

　　今、スマホを持っている高校生が多くなってきました。

　　高校生がスマホを持つことにはメリットが多いと思います。わからないことがあったら、すぐにインターネットで調べられるし、スマホには勉強に役立つアプリも多いです。そして、スマホを使えば家族や友だちと気軽に連絡が取れます。特に、緊急時にすぐ連絡が取れたり、位置情報が確認できたりしてとても便利です。その一方で、スマホに夢中になって、勉強に集中できなくなる学生もいます。例えば、長時間ゲームをしたり、勉強以外の動画を見たりして、視力が下がるだけでなく、成績にも影響が出ます。

　　このように、高校生のスマホ使用はメリットもデメリットもあります。勉強に専念するために、毎日使用時間を決めて、スマホを活用したほうがいいと思います。

20 × 20

298

范文 116　将来学びたいこと

　　私は大学に入ったら、臨床心理学について
学びたいと思っています。
　　現代社会の人々は経済的に豊かになり、便
利で快適な生活を送っています。その一方で、
競争が激しくなって、悩みやストレスを抱え
ている人も多いです。去年、ある新聞で勉強
や人間関係のストレスで心に問題を抱えてい
る生徒が増えているという記事を読んで、と
ても驚きました。それがきっかけで、臨床心
理学についていろいろ調べてみました。臨床
心理学は、心理的な問題を解決するための学
問です。大学に入ったら、臨床心理学を専攻
しようと思うようになりました。
　　臨床心理学を学んで、専門的な知識を身に
つけて、将来は学校で心理カウンセラーとし
て働きたいと思っています。生徒たちの悩み
を聞いて、アドバイスをすることで健やかな
成長を支えたいです。

20 × 20

范文 117　チームワークについて

　何事も自分一人の力には限界があるので、チームワークはとても大事だと思います。
　私はバスケットボールが得意で、高校に入ってバスケットボール部に入りました。バスケットボールはチームスポーツです。メンバー5人がいて、それぞれのポジションと役割があります。高校1年の時、初めて出た試合では、自分が点を取るために、よく一人でボールを持ち、ゴールまで走っていきましたが、相手チームの何人もの人に止められ、なかなかシュートができませんでした。自己中心的なプレーのせいで、試合に負けてしまいました。その試合を通じて、チームワームの大切さを知りました。
　個人の力よりチームワークでメンバー一人ひとりの力を合わせるほうが高い目標を達成できるので、チームワークを大切にしなければならないと思います。

20 × 20

范文 118　一番好きなことわざ(1)

　　私の一番好きなことわざは「塵も積もれば山となる」です。どんなに小さなことでも、積み重ねることで大きな成果をあげるという意味です。

　　去年、私はギターが弾けたら格好いいなあと思って、両親に頼んでギター教室に通わせてもらいました。そして、一日に少なくとも2時間は練習すると決めましたが、三日坊主で一週間も続けられませんでした。そんな時、日本語の本でこのことわざに出会って、深く考えさせられました。短い時間でも、練習を続けることが大事だとわかりました。そこで、毎日同じ時間帯に30分ずつ練習することにしました。1年間練習を続けて、今は好きな曲が弾けるようなりました。

　　ここまで頑張ってこられたのは、このことわざのおかげです。これは私の一番好きなことわざです。

20 × 20

Step 3　Unit 4

范文119　一番好きなことわざ(2)

　　私の一番好きなことわざは「継続は力なり」
です。何事も継続して頑張れば、それなりの
成果が出るという意味です。
　　中学1年生の頃、私は作文が苦手で、何を
書いたらいいかわからず悩んでいました。そ
んな時、当時の国語の先生に「毎日日記を書
いてみてください。文字数を気にせず、自分
が見たことや思ったことを書いてください」
とアドバイスをいただきました。あれから、
毎日日記をつけるようにしました。友だちと
けんかしたことや映画を見て感じたことなど、
毎日書きました。最初の1か月は大変で、3
行くらいしか書けませんでしたが、だんだん
長く書けるようになりました。語彙量が増え、
文章力も伸びました。そして、今は時々先生
に作文を褒められるようになりました。
　　努力を続けていけば、必ず成果が出るもの
だと強く思っています。

20×20

302

二、日常生活类题材

范文 120　10 年後の自分

　　10 年後の自分は、中学校の先生になって、毎日講壇に立って数学を教えているでしょう。

　　先生になることは子どもの頃からの夢でした。10 年後の私はきっと親切で優しい先生になっているでしょう。生徒一人ひとりの状況に合わせて、授業の内容をわかりやすく説明してあげます。そして、勉強のことだけでなく、生徒たちの心の悩みを聞き、アドバイスを与えます。積極的にコミュニケーションを取ることで、信頼される先生になります。毎日の仕事にやりがいを感じていると思います。また、10 年後の自分は一生を共に歩む相手を見つけて結婚していると思います。休日は一緒に料理を作ったり、どこかへ遊びに行ったりして充実した生活を送っています。

　　10 年後の世界がどうなるか想像するのは難しいですが、理想の自分に近づくために、毎日頑張りたいと思います。

20 × 20

范文121　大切にしているもの

　　私の机の引き出しの中には一冊のアルバムが入っています。それは私がとても大切にしているものです。
　　中学3年生の時、私は父の仕事の関係で転校しました。新しい学校では友だちがいなくて、とても寂しかったです。そんな時、よくこのアルバムを見ました。全部以前の中学校の友だちとの写真です。中にはサッカーの試合で優勝した時の写真があります。大変な試合でしたが、優勝した時の喜びも大きかったです。そして、誕生日パーティーの写真もあります。13歳の誕生日パーティーでみんな歌ったり踊ったりして、とても楽しかったです。他にも運動会の写真や遠足の写真などいろいろあります。一枚一枚の写真に昔の友だちとの楽しい思い出がたくさん詰まっています。
　　このアルバムは私の宝物です。今も私の心の支えになっています。

20 × 20

范文122　故郷の変化

　　私の故郷は市の中心部から離れた小さな町です。ここ数年、経済の発展に伴い、故郷は大きく変わりました。

　　一番大きな変化は交通が便利になったことです。昔は市内の繁華街に行くのにバスで3時間もかかりました。今は地下鉄が通っていて、40分くらいで行けます。もう一つの大きな変化は娯楽施設やデパートなどが増えたことです。子どもの頃は、一軒の古い映画館しかなくて、あまり映画を見に行かなかったです。今は映画館が増えて、月に1回くらい友だちと映画を見に行きます。そして、人々の生活が豊かになりました。外食する人やデパートで買い物する人が増えて、とても賑やかです。夜景もきれいになりました。

　　私の故郷は以前に比べて、便利できれいな町になりました。これからもどんどん発展していくでしょう。

20×20

范文 123　ロボットと私たちの生活

　　近年、ロボットは私たちの身近な存在になりつつあります。

　　日常生活の中で様々なロボットが私たちの生活を支えてくれています。例えば、掃除ロボットは多くの家庭で使われています。自動で家中を回って掃除をしてくれます。家にいなくてもスマホで操作できて、とても便利です。その他に、食器洗いロボットや洗濯ロボットなど人工知能が搭載されていて、家電製品として使われるロボットが多いです。おかげで、家事が楽になり自分の好きなことに時間をかけられるようになりました。また、人と会話できるロボットも開発されています。会話の内容を理解して、返事をします。このようなロボットは高齢者の介護や子どもの遊び相手として使われ、注目されています。

　　ロボットは私たちの生活の中にますます浸透していくと思います。

20 × 20

306

范文124　広告と私たちの生活

　　毎日、私たちは多くの広告を目にします。日常生活には広告があふれています。

　　テレビをつけると、様々な広告が流れてきます。新聞や雑誌、インターネットにも広告がたくさん載っています。道を歩いている時も広告のチラシをもらうことがよくあります。広告は私たちに様々な情報を提供し、購買行動に影響を与えます。今まで知らなかった物やサービス、店などを知り、それらを消費することで生活が楽しくなります。一方で、広告を見てつい衝動買いすることもあります。同じ広告を何度も見ていると、買いたいという気持ちが生まれ、必要でない物や自分の想像と違ったものも買ってしまいます。

　　私たちは生活のあらゆる場所や場面で多くの広告に接します。広告の情報を活用する一方で、その情報に振り回されないように注意しましょう。

范文 125　タピオカミルクティーについて

　　タピオカミルクティーは若者を中心に人気が高いです。街中に店舗が多いので、手軽に買えますし、安くて、おいしいです。
　　私も以前授業が終わって家に帰る時、よく友だちと人気のタピオカミルクティーのお店に行きました。もちもちしたタピオカを太いストローで、甘いミルクティーと一緒に吸い上げて食べるのが楽しかったです。また、タピオカミルクティーを手に写真を撮って、モーメンツに投稿するのが好きでした。しかし、ある日、母に注意されました。タピオカミルクティーは高カロリーで糖質も高く、毎日飲むと体によくないそうです。また、ニュースで食べ残しや容器のポイ捨てなどのごみ問題が深刻化していることを知りました。
　　おいしいタピオカミルクティーですが、飲みすぎに気をつけて、飲み干した容器はごみ箱に捨てましょう。

20 × 20

范文 126　感動したこと

　小学生の頃、母は仕事が忙しくて、週末もよく出勤していました。家族で旅行に行ったこともなく、母にとって私より仕事のほうが大切だと思って、よく文句を言いました。

　私の10歳の誕生日の日のことです。前日から母は遠くの町へ出張に行ったので、きっと私の誕生日を忘れているだろうと思って落ち込んでいました。授業が終わって学校を出たら、母が立っていました。左手にスーツケースを、右手に大きなケーキを持って、空港から直接迎えに来たのです。そして家に帰っておいしい料理をたくさん作ってくれました。プレゼントももらって、とてもうれしかったです。翌日朝起きたら、母はいませんでした。父に聞いたら、早朝の飛行機で出張先に戻ったと教えてくれました。思わず涙が出ました。「お母さん、ありがとう」と言いました。

　あの時の感動は今も忘れられません。

范文 127　失敗から学んだこと

　失敗は誰にでもあります。失敗から学ぶことは多いです。

　私は中学生の時、サッカー部に所属していました。よく運動神経がいいと周りの人に言われました。足が速いし、ボールを運ぶ能力も優れていて、チームで主力として活躍していました。中学2年生の時、町のサッカー大会がありました。試合に向けて、毎朝7時に学校に行って練習をすることになりました。自分はそんなに練習しなくてもいいと思ってよくサボりました。結果、試合は一回戦で敗れました。私が何回もミスをして、仲間との連携も取れていませんでした。とても後悔しました。あれから、チームの練習に真剣に取り組むようになりました。

　この体験を通じて、準備の大切さや能力より姿勢が大事だということを学び、自分は大きく成長しました。

20 × 20

310

范文 128　日本語スピーチコンテストの体験

　高校2年生の時に日本語スピーチコンテストに参加しました。とてもいい経験になりました。

　日本語の先生に「発音がきれいだから挑戦してみない？」とすすめられて応募しましたが、人前で話すのが苦手だったので、まったく自信がなかったです。でも、先生の指導のもとで準備を進めました。原稿を書いて何回も直しました。それから、毎日読む練習をして暗記しました。スピーチをする時は、姿勢や表情、話すスピードなども大事なので、鏡の前で繰り返し練習したり、録音して確認したりしました。コンテストの当日、最初は緊張しましたが、深呼吸をしてゆっくり話すことができました。二等賞に入賞しました。

　この体験から挑戦することの大切さを学びました。また、努力で自分の短所を克服できると実感しました。

20 × 20

范文 129　ボランティア活動の体験

　　去年の夏休みに、ボランティアで人民公園の清掃活動に参加しました。

　　清掃活動は朝9時から始まりました。私たちのグループは散歩道や芝生のごみを拾うことになりました。普段はきれいに見える公園の散歩道にお菓子の袋や果物の食べ残しなどのごみが多くて、驚きました。そして、空き缶やペットボトルなどのプラスチックごみも多かったです。また、たばこの吸殻もあちこちに捨てられていました。2時間の清掃活動で相当の量のごみが集まりました。なかなか大変な作業だと感じました。公園を利用する人たちには、ごみを捨てないで持ち帰ってほしいと思いました。ごみ拾いのボランティア活動を経験してから、これまで以上にごみのポイ捨てに注意するようになりました。

　　また機会があれば、ボランティア活動に参加したいです。

20 × 20

范文 130　健康管理について

　　勉強や仕事に追われて忙しい現代人は健康管理を疎かにしがちです。健康的な体がすべての基本なので、普段から健康管理に気をつけなければなりません。

　　健康を維持するには食事や睡眠、運動などがとても大切です。1日3食、栄養バランスのとれた食事が健康維持には欠かせません。そして、睡眠は心身ともに疲労を回復させる効果があります。睡眠不足は糖尿病や高血圧などの生活習慣病やうつ病を引き起こす原因になるので、睡眠時間を確保する一方、睡眠の質も重視する必要があります。また、適度な運動も必要です。もちろん、体の健康だけでなく、心の健康を保つのも大切です。旅行など自分なりのストレス解消法を見つけ、気分転換をすることが大事です。

　　健康管理の大切さを意識して、日々の生活を楽しく過ごしましょう。

20 × 20

范文 131　私のストレス解消法

　　毎日長時間の受験勉強はストレスがたまります。みなさんはどのようにストレスを解消していますか。

　　私にとって、一番のストレス解消法はランニングです。長時間の勉強でイライラしたり、気分が落ち込んだりする時は、よく近所の公園を走ります。走ることに集中していると、悩みや不安な気持ちを忘れられます。体も頭もすっきりします。また、気の合う友だちを誘って、おいしいものを食べながら、おしゃべりをするのもストレス解消になります。自分の悩みを打ち明けて、慰めてもらったり、アドバイスをもらったりします。不安や悩みを友だちと共有することで、少し気が楽になって、前向きな気持ちになれます。

　　受験生活はストレスを感じやすいですが、自分に合うストレス解消法を見つけて、うまく乗り越えましょう。

20 × 20

范文 132　目標を立てることについて

　　勉強において、目標を立てることは大事だと思います。目標を立てることで、勉強に対するモチベーションが上がります。そして、目標に近づくためには、どうすべきかを考えて行動するようになります。目標を達成することで、自信を持つことができます。

　　目標を立てる時は、いくつか注意すべき点があります。まず、具体的な目標を設定することです。「これから勉強を頑張る」という曖昧な目標ではなく、「今度のテストで必ず80点以上を取る」「1日の勉強時間を2時間増やす」といったように具体的な目標を立てます。そして、適切な目標を設定することです。目標が高すぎると、途中で挫折しやすく、あきらめやすくなります。

　　自分の能力に合った目標を立てて、それに向かって、具体的な計画を立てて行動することが大切です。

20 × 20

范文 133　苦手なこと

　　私は人前で話すのが苦手です。

　　日本語の授業では、1日に一人ずつ3分間スピーチをすることになっています。私はいつも緊張して、うまく話せません。みんなの前に立つと、話す内容を忘れたり、声が震えて早口になったりします。発表の前日は不安で眠れないこともあります。どうすれば克服できるか田中先生に相談しました。先生は親切にアドバイスをくださいました。まず、自分で書いた原稿を大きな声で読む練習をします。それから、鏡の前に立って発表の練習をします。そして、スマホで自分が話す動画を撮って確認します。こうすることで、だんだん緊張しなくなるそうです。

　　3週間後にまた私の順番が回って来るので、毎日先生のおっしゃった通りに準備をしています。頑張って、いつか苦手なことを克服したいです。

20 × 20

范文 134　友情を大切に

　　友だちは大切な存在です。友だちのおかげで毎日の生活が楽しくなり、たくさんのすてきな思い出ができています。
　　私には何でも話せる親友がいます。中学校のクラスメートの李さんです。私たちは卓球という共通の趣味がきっかけで友だちになったのです。放課後、よく一緒に卓球教室に行きました。中学3年生の時、私は通学途中で自転車の接触事故で足を骨折して、1か月学校を休むことになりました。この1か月の間、李さんは毎日家に来て授業のノートを貸してくれました。また、重要なところを細かく教えてくれました。李さんのおかげで、私は授業についていけました。
　　楽しい時は一緒に笑ってくれて、悲しい時は慰めてくれて、落ち込んだ時は励ましてくれる友だちは私の宝物です。この友情を一生大事にします。

20 × 20

范文135　あいさつについて

　　私たちは毎日いろいろな人とあいさつを交わします。あいさつは人間関係の基本とも言えるでしょう。

　　朝、学校で先生や友だちに会うと、「おはようございます」とあいさつをします。大きな声を出してあいさつをすると、自然に心も明るくなって気持ちのいい一日を始めることができます。相手からあいさつを返されるのもうれしいです。あいさつはコミュニケーションの第一歩です。初対面の人に対して、元気にあいさつをすると、相手にいい印象を与えます。そこから会話が始まることもあります。あいさつは相手への尊敬や関心を示す行為です。きちんとあいさつをすることで、信頼関係が生まれ、人間関係が円滑になります。

　　あいさつは人と人を近づける魔法の言葉です。これからも、笑顔で元気よく、自分から進んであいさつをします。

20 × 20

318

范文136　思いやりの心

　　思いやりの心を持つことは相手の気持ちを考えて行動することです。

　　クラスメートの李さんは、思いやりの心を持っている優しい人です。私の校舎の入り口には、重い手動式ガラスドアがあります。ドアを開けて通る時、すぐ後ろに人がいれば、李さんはいつもドアを押さえてあげます。そして、ドアの向こうに人がいれば、ドアを自分の手前に引いて相手を先に通らせてあげます。李さんだけでなく、私たちの周りには思いやりの心を持って行動する人がたくさんいると思います。例えば、電車でお年寄りに席を譲ったり、街中で観光客に丁寧に道案内をしたりする人をよく見かけます。小さなことですが、相手の大きな喜びと感動につながると思います。

　　これからも思いやりの心を大事にしたいと思います。

20 × 20

三、社会热点类题材

范文 137　シェア自転車について

　　最近、町でよくシェア自転車を見かけます。シェア自転車の最大の特徴は使い勝手のよさです。必要な時に近くに止めてある自転車を利用し、利用後は好きな所で乗り捨てられます。それに、利用料金が安くて、環境にも優しいです。そして、スマホで簡単に操作できます。

　　一方、シェア自転車を正しく使っていない人もいます。例えば、交通ルールを無視して、自転車で車道を走る人や、子どもを自転車のかごに入れて乗る人がいて、とても危険です。そして、どこにでもシェア自転車が止まっていて、通行の邪魔になったりします。また、シェア自転車の運営会社が倒産して、利用者に保証金が返金されないこともありました。

　　シェア自転車は便利で使いやすいです。ルールを守り、安全を心掛けて利用することが重要だと思います。

20 × 20

范文138　未来の社会への想像

　　未来の社会はどんな社会になるのか時々想像します。科学技術が飛躍的に進歩して、きっと今までにない製品やサービスが利用できるようになって、より便利で豊かな社会になると思います。

　　未来の社会では乗り物が進化していくと思います。運転手がハンドルに手を触れる必要がない自動運転が普及しています。そして、今飛行機で10時間以上もかかる所へ行くには、都市間のロケットに乗ることが可能になります。それから、人工知能の発達で、銀行や病院などでロボットが人の代わりに働いてくれます。また、未来は脱炭素社会が実現され、地球環境が大きく改善され、緑豊かな自然を取り戻すことができると思います。

　　未来の社会を想像すると、わくわくします。そういう社会を実現するためには、みんなの努力が大事だと思います。

20 × 20

范文 139　モバイル決済について

　　近年、ＩＴ技術の進歩に伴い、スマホなどの端末を使って代金を支払うモバイル決済が広く使われています。

　　モバイル決済はとても便利です。スマホ一つでお金を支払うことができるから、買い物に財布を持って行かなくてもいいです。また、会計のためにレジに並ばなくてもいいから、店側も利用者側も時間の節約になります。以前は月に何回も銀行へお金を下ろしに行きましたが、今はそんな必要もなくなりました。一方で、モバイル決済はデメリットもあります。例えば、スマホの電池が切れると支払いができなくなるし、すべての店でモバイル決済が使えるわけではありません。

　　私は現金よりモバイル決済をよく使います。支払いの時に暗証番号や顔の認証などが必要なので、スマホを落としても他人は使えず、安心して使えるからです。

20 × 20

范文 140　情報化社会

　　現代社会は情報化社会と言われています。インターネットを利用して、様々な情報が簡単に手に入るようになりました。

　　情報化社会のメリットは、住んでいる国や地域に関係なく、誰でもリアルタイムで情報を収集できることです。また、同じ情報を多くの人が同じタイミングで共有できることです。例えば、ネット上の情報は誰でも検索できて、知ることができます。家で外国の大学のオンライン授業を受けることも可能です。しかし、情報化社会は課題も多いです。例えば、ネット検索に頼りすぎて、自分で考えなくなり、思考力が低下します。そして、ネット上の情報はすべて真実とは限らないので、真偽を見分ける能力が必要になります。

　　情報化社会で生活している私たちは大きな恩恵を受けている一方で、情報に惑わされないために注意が必要です。

20 × 20

范文141　都市化について

　　近年、農村部の多くの人々がよりよい仕事や生活を求めて、都市部へ次々と移動してきました。人口や産業が都市へ集中して、都市化が進んでいます。

　　都市化によって、急速な経済成長を遂げた一方で、多くの問題が発生しました。人口増加で、十分な住居や医療施設などの供給が難しくなりました。高い家賃や物価に対応できず、生活に困っている人もいます。それに、自家用車や冷暖房施設の増加で、道路の渋滞や大気汚染などの環境問題が深刻化しています。そして、毎日大量のごみが排出されていて、その処理も問題になっています。また、農村地域では人口が減少し、労働力の確保が大きな問題になっています。

　　今後、都市化がさらに進むことが予測されています。それに伴う諸問題をどう解決するかが大きな課題です。

20 × 20

范文142　中国の伝統文化について

　　雑技は中国の伝統文化の一つです。繊細さと大胆さが特徴で、昔も今も人気が高いです。

　　雑技の文化はおよそ2000年前からあったと言われています。雑技は人による超人的な技が見どころです。雑技には様々な演目があります。例えば、一輪車に乗りながら、片足でお碗を次々に頭の上に蹴り上げる「車技」というものもあれば、一瞬でお面を変える「変面」というものもあります。去年、私は両親と上海雑技団の公演を見に行きました。初めて目の前で車技を見た時は、今にも落ちそうで息を止めて見ていました。無事に終わった時は、とても感激しました。今、雑技は時代とともに大きく変わってきて、国内だけでなく海外でも人気を集めています。

　　伝統を守りながら進化を続けている雑技を誇りに思っています。

20 × 20

范文 143　ブラインドボックスについて

　　ここ数年、若者の間でブラインドボックスがブームになっています。

　　ブラインドボックスは箱を開けてみないと何が入っているのかわからないという仕組みの商品です。人気の高いものは漫画・アニメのフィギュアや文房具などです。箱の中の商品は不確実性があって、開ける時のワクワク感が若者の心を掴んでいます。そして、ブラインドボックスのおもちゃを仲間と交換して楽しみを共有する若者もいて、コミュニケーションの手段にもなっています。しかし、ブラインドボックスの消費にはギャンブル性があって、過剰消費の傾向があります。自分のほしいアイテムを手に入れるために、一度に何千元も使う人もいるそうです。

　　大人気のブラインドボックスですが、つい買ってしまうような過剰消費には注意しなければなりません。

范文 144　北京冬季オリンピックで一番印象に残った選手

　　2022年2月に北京冬季オリンピックが行われました。選手たちの活躍にたくさんの感動をもらいました。一番印象に残ったのはスノーボードの蘇翊鳴選手です。

　　大会前、17歳の蘇選手はオリンピックでメダルを取って、それを自分の成人のお祝いにしたいと話していました。小さい頃子役として多くの映画に出演したことがあると聞いて、本当に実力があるのかと疑問に思っていました。しかし、金メダル1つと銀メダル1つを獲得したのを見て、驚きました。調べてみたら、彼は中学時代から国際大会に参加するようになって、毎日必死に練習をして、3年半で世界のトップレベルの選手になったそうです。また、日本人のコーチと日本語を話す姿に親近感を覚えました。

　　私も蘇選手を見習って、自分の夢に向かって頑張ろうと思います。

20×20

范文145　コロナ禍で思ったこと

　　2020年から世界中に蔓延した新型コロナウイルスは私たちの生活に様々な変化をもたらしました。

　新型コロナウイルスの感染拡大を予防するために、学校ではオンライン授業を行うことになりました。最初は新鮮で面白かったですが、だんだん学校生活が懐かしくなりました。春節にはいつも両親と故郷に帰って祖父母と一緒に過ごしていましたが、コロナ禍でもう2年も故郷に帰っていません。早く祖父母に会いたいです。夏休みはよく家族で海外旅行に行っていましたが、ここ2年間は海外旅行どころか国内旅行にも行けませんでした。

　コロナ禍で今まで当り前だと思っていた日常生活がどれほどありがたいものなのかということに気付きました。1日も早く普通の生活に戻りたいです。

20 × 20

328

四、应用文与图表类作文

范文 146　山下さんへの手紙

拝啓　　寒い日が続いていますが、山下さんは元気に過ごしていますか。

　一昨日、山下さんからのお手紙とプレゼントが届きました。可愛くておしゃれなポーチが大好きです。本当にありがとうございました。こちらは来週から冬休みに入ります。冬休みの一番の楽しみは春節です。家族揃って春節を過ごすのが習慣になっています。その1週間前から、家の掃除をしたり、春節の料理を用意したりしていろいろと準備をします。大晦日の夜は、家族が集まって、おいしい料理を食べながら、テレビで「春節晩会」を見るのが定番の行事です。山下さんは春休みがいつからですか。

　まだまだ寒い日が続きますが、お互いに元気に寒い冬を乗り切りましょう。

敬具

　20 2X 年 1 月 15 日

王　静

20 × 20

范文147　高橋さんへの手紙

拝啓　　夏の気配が感じられるようになりました。高橋さんはお元気ですか。

　こちらはもうすぐ夏休みに入ります。7月20日から25日まで家族で日本へ旅行に行く予定です。まだ一度も行ったことがないので、とても楽しみにしています。20日から22日までは東京で観光します。東京スカイツリーは世界一高いタワーだと聞いたので、ぜひ見に行きたいです。それから、浅草や東京ディズニーランドに行くつもりです。何かおすすめの観光スポットがあれば、ぜひ教えてください。23日に京都に行って、歴史のあるお寺や古い町並みを見て回ります。25日に京都から国に帰る予定です。お時間がありましたら、21日か22日に東京で一度会いませんか。

　これから暑さが厳しくなりますので、体に気をつけてください。

敬具

　20 2X 年 6 月 25 日

李　明

20 × 20

330

范文 148　送別会でのあいさつ

　　本日はお忙しい中、私たちのために、このような送別会を開いていただき、誠にありがとうございます。留学生代表としてごあいさつさせていただきます。

　　日本に来たばかりの頃は慣れないことが多くて、少し大変でした。そんな時、先生方や仲間たちが支えてくださいました。勉強に困った時は、いつも先生に親切に教えていただきました。そして、佐藤さんや田村さんはよく学校の施設を案内してくれたり、お花見や歌舞伎などに連れていってくれたりしました。皆様のおかげで、日本での生活に慣れてきて、楽しい留学生活を送ることができて、心から感謝いたします。来週帰国する予定ですが、国へ帰ってからも日本語の勉強を続けて、将来は日本語教師になりたいです。

　　この一年間、本当にお世話になりました。どうもありがとうございました。

20 × 20

范文 149　山本さんへの手紙

拝啓　　いよいよ本格的な夏が始まりますが、お元気ですか。おかげさまで、私は元気に過ごしています。

　先日、お手紙をいただきましてありがとうございます。夏休みに北京へ旅行にいらっしゃると聞いて、とてもうれしいです。ぜひ山本さんに会って、一緒に食事をしたいです。北京は観光名所が多いですが、一番のおすすめは万里の長城です。人類史上最大の建築物で美しくて雄大な風景を楽しめます。次におすすめするのは故宮です。明と清の時代の王宮で、貴重な文化財が多く収蔵されています。それから頤和園は長い廊下や大きな湖があって、景色がすばらしいです。

　田中さんに会える日を心待ちにしています。これからますます暑くなりますから、お体にお気をつけください。

敬具

　　20 2X 年 7 月 10 日

王　芳

20 × 20

范文150 読書について

　　ある調査会社が全国の子どもを対象に読書活動に関する調査を行いました。
　　調査結果から1か月の平均読書量は小学生が6.97冊、中学生が3.46冊、高校生が1.63冊であることが分かりました。学齢が上がるにつれて読書量が減少して、特に高校生はあまり本を読まないことが明らかです。その理由として、勉強が忙しいことや読書よりスマホで遊ぶ時間が長いことなどが考えられます。学生は読書を通して言葉を学び、想像力を養うなど様々な効果が得られるので、できるだけ読書量を増やしたほうがいいと思います。読書をすることで勉強時間が少なくなると心配する人もいますが、実は読書で読解力や集中力が鍛えられ、成績向上にも役立ちます。
　　読書を続けることは、日々の生活を豊かにすると同時に、受験の成功にもつながると思います。

20 × 20